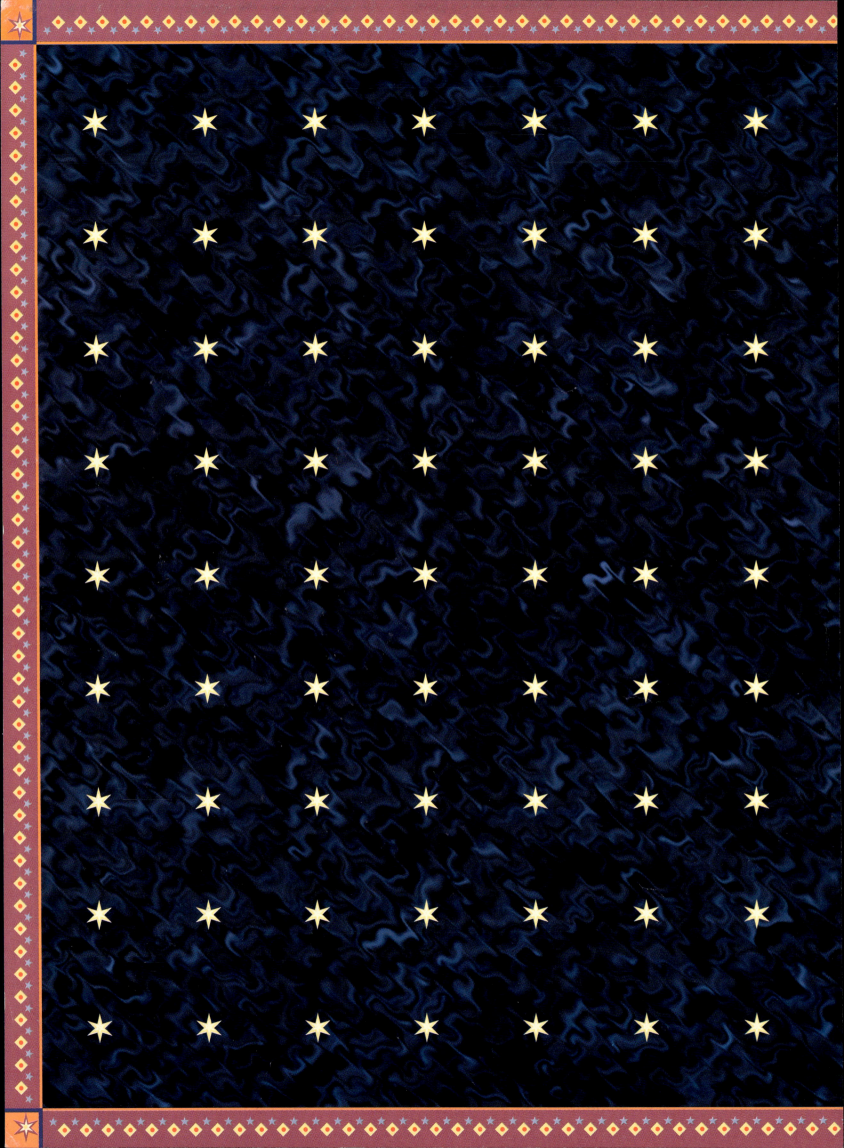

Die Welt der Ritter

Christopher Gravett

Illustrationen von
Brett Breckon

*Aus dem Englischen übersetzt
und bearbeitet von*
Wiebke von Thadden

CARLSEN

Widmung des Autors
Für Jane und Joanna

Widmung des Illustrators
Für Billy und Louis

Mit besonderem Dank an Ian Eaves, dem früheren Kurator der Königlichen Waffenkammer im Tower von London, an Karen Watts und Chris Dobson, Betreuern der Königlichen Waffenkammer

2. Auflage 1997
7.–10. Tausend
Alle deutschen Rechte bei Carlsen Verlag GmbH, Hamburg 1996
Text-Copyright © 1996 Macdonald Young Books Ltd.
Illustrationen © 1996 Brett Breckon
Originalverlag: Macdonald Young Books Ltd.
Originaltitel: MEDIEVAL KNIGHT
Übersetzung: Wiebke von Thadden
Lektorat: Anke Knefel
Einbandgestaltung: Doris K. Künster
Satz: Karl Lenormand
ISBN 3-551-20951-0
Printed in Portugal

INHALT

7	Zur Einführung	36	Gefolgsleute
8	Die Burg	38	Die Belagerung
10	Das Leben auf der Burg	40	Die Schlacht
12	Herrensitze und Städte	42	Das Turnier
14	Die Ausbildung zum Ritter	44	Die Tjost
16	Die Rüstung	46	Der Kampf zu Fuß
18	Das Beinzeug	48	Die Kreuzzüge
20	Der Harnisch	50	Die Jagd
22	Das Armzeug	52	Mahlzeiten und Bankette
24	Die Panzerhandschuhe	54	Das Rittertum
26	Die Helme	56	Die Damen
28	Der gewaffnete Ritter	58	Das Ende der Ritterzeit
30	Die Waffen	60	Die Welt der Ritter
32	Die Waffenschmiede	62	Glossar
34	Die Pferde	64	Register

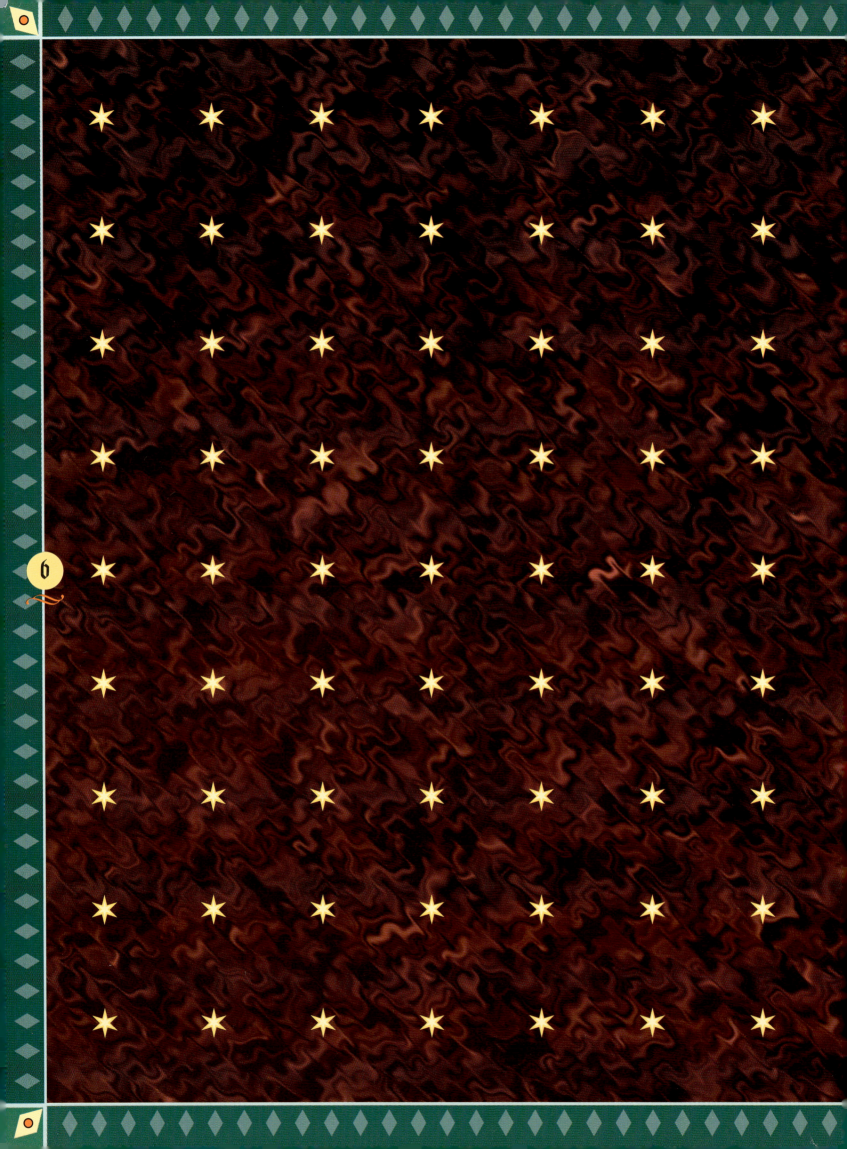

Zur Einführung

Auf weißem Roß, in schimmernder Rüstung, so sprengt ein Ritter daher und befreit eine Jungfrau aus der Räuberburg. Stimmt das oder ist das nur Sagengespinst? Seit wann gibt es überhaupt Ritter? Geharnischte Männer hat es doch immer gegeben – was ist denn an Rittern Besonderes?

Lange nach dem Fall des Römischen Reiches herrschte der Kaiser Karl der Große über die Franken, die in Deutschland und Frankreich ansässig waren. Nach seinem Tod im Jahre 814 brach im Inneren des Reiches Streit aus; von außen trugen die Wikinger Krieg ins Land. Die Menschen suchten nun Schutz beim Adel der Umgebung. Die Edelmänner begannen, Gefolgsleute um sich zu scharen, Männer, die reich genug waren, um sich Pferde, Rüstung und Waffen zu leisten. Sie schworen ihrem Herrn Treue und erhielten dafür von ihm Landbesitz. Diese rauhen, unkultivierten Reiter waren somit die ersten Ritter. Manche hausten mit ihrem Herrn hinter Wällen, die von Holzpalisaden gekrönt waren, den ersten Burgen.

Doch von dieser Zeit bis zu den Idealen des spätmittelalterlichen Ritters in der schimmernden Rüstung war es noch ein weiter Weg. Es dauerte mehrere Jahrhunderte, bis der Einfluß der Kirche, der Minnedichtung und der Frauen schließlich Männer mit Kultur und Sitte hervorbrachte. Landbesitz und Waffenkunst als gemeinsames Merkmal riefen ein Gefühl der Bruderschaft hervor – die Grundlage der ersten großen Ritterorden.

Nicht alle frühen Ritter waren grob und roh, aber auch nicht jeder Kavalier des fünfzehnten Jahrhunderts war ritterlich und wohlerzogen. Mancher Adlige war kultiviert und grausam zugleich; es gab Söldnerhauptleute und Männer, die zwar als Ritter auftraten, in Wirklichkeit aber nur Knappen oder einfache Gewaffnete waren. Der Ritter war ein vielgestaltiges Wesen.

DIE BURG

Ein Ritter wohnte zumeist in einer Burg, die von hölzernen Palisaden oder von Mauern und einem Graben umgeben war. Diese Befestigungsanlagen gaben Schutz vor Feinden. Von seiner Burg aus konnte ein Ritter bis weit ins Land hinein alles beherrschen und verteidigen. Aber die Burg war auch sein Haus, in dem er mit seiner Familie, den Dienstleuten und der Burgbesatzung – den Leuten, die sie verteidigten – lebte. Burgen lagen fast immer in der Nähe eines Flusses oder einer anderen Wasserquelle, am liebsten auf einem Berg oder auf steilen, schwer angreifbaren Felsen. Oft überblickten sie Bergpässe oder Flußübergänge; die Besatzung konnte deshalb Feinde leicht aufhalten und ihnen den Nachschub abschneiden. Eine so angelegte Burgenkette konnte ganze Grenzregionen verteidigen.

Dieses Torhaus des 13. Jh. wird von einer Zugbrücke, schweren Eisenverkleidungen und dicken hölzernen Torflügeln geschützt.

Turm und Ringmauer

Die ersten Holzburgen standen oft auf einem Erdhügel, einer »Motte«, in einer schützenden Umwallung. Im 12. Jh. kamen in England steinerne Türme, die »Keeps« auf. Sie hatten mehrere Stockwerke mit Vorratsräumen; ihr Eingang lag sicherheitshalber im ersten Stock. Die Holzpalisaden wurden durch Ringmauern mit Türmen und Torhäusern ersetzt.

Schießscharten waren nach außen verengt, um die Schießenden zu schützen, aber innen breit, um ein größeres Schußfeld zu geben.

Der Steinturm im Mittelpunkt der Burg hieß auf deutsch »Bergfried«, auf französisch »Donjon«.

Mauertürme

Die Außenmauern wurden häufig durch vorspringende Mauertürme verstärkt. Aus ihnen konnten die Verteidiger auch seitwärts auf Feinde schießen, die versuchten, die Mauern zu ersteigen oder zu untergraben. Jeder Turm sperrte einen Mauerabschnitt, so daß die Feinde nicht so leicht von einem Bereich der Burg in den anderen gelangten.

Bogenschützen konnten von der höheren Innenmauer über die Außenmauer hinwegschießen.

Runde Türme

Die Eckkanten der quadratischen Türme gaben Rammböcken leichtes Spiel; den eigenen Bogenschützen versperrten sie die Sicht. Deshalb wurden im 13. Jh. die Türme rund.

Deutsche Burgen hatten einen hohen Wachturm, den »Bergfried« (12. Jh.).

Konzentrische Burganlagen

Im späten 13. Jh. erhielten viele Burgen zusätzliche Burghöfe für Vorräte, Werkstätten und Stallungen, die geschützt werden mußten. Konzentrische Burganlagen hatten deshalb einen doppelten Mauerring; die Außenmauer wurde entweder gleich mitgeplant oder später hinzugefügt. Caerphilly Castle in Südwales (unten) ist eine solche konzentrische Burg. Sie hat mächtige Torhäuser und einen Wall; sie wurde 1268 bis 1277 gebaut.

1 Innenmauer
2 Außenmauer
3 Torhaus
4 Wall
5 Wassergraben

Das Leben auf der Burg

Dieser Darstellung liegt die Anlage der Burg Chepstow in Gwent, einer Grenzburg gegen Wales, zugrunde. Ihr Bau wurde um 1070 begonnen; die Große Halle oder Rittersaal mit den angrenzenden Räumen allerdings wurde erst 1278-1285 ausgebaut. Ein ähnlicher Grundriß findet sich in vielen englischen Burgen dieser Zeit. In der Frühzeit der Burgen war die Große Halle der Raum, in dem der Burgherr mit seinen Leuten zusammensaß, schlief und seine Geschäfte betrieb. Er hatte also kaum ein Privatleben. Auf dem Burggelände gab es außerdem: Lagerräume für Lebensmittel, eine Kapelle für die täglichen Gottesdienste, eine Schmiede, in der die Pferde beschlagen und eisernes Gerät wie Tore und Torangeln angefertigt wurden, daneben eine Waffenschmiede, in der die Ausrüstung der Burgleute in Ordnung gehalten wurde. Jede Burg hatte für den Fall einer Belagerung einen eigenen Brunnen. Auch Back- und Brauhaus waren in der Regel vorhanden, in späteren Burgen auch Kräutergärten und Blumenanlagen, in denen man sich ergehen konnte.

Viele Burgen verfügten zunächst nur über eine einzige zentrale Feuerstelle, deren Rauch durch hölzerne Schotten abzog. Wenn es keine andere Möglichkeit des Heizens gab, ließ man von den Dienern tragbare eiserne Glutbecken in den Zimmern aufstellen, die dabei allerdings schnell verräucherten. In den ersten Burgen aus Stein konnte man in alle Wohnräume ein offenes Kaminfeuer legen. Der Rauch zog nun durch eingebaute Schächte ab. Die Kaminmäntel wurden oft aufwendig verziert.

Bilderklärung

1 Torhaus mit Wachstube
2 Wehrgangsanlagen
3 Verlies
4 Vorwerk zum Schutz des Torhauses (Barbikan)
5 Innenanlage: Wohnräume
6 Innerer Wachraum
7 Küche
8 Offene Feuerstelle
9 Lüftungsschacht
10 Außentreppe von der Küche zu den Wohnräumen
11 Dienstbotenaufgang
12 Aborte
13 Kellerräume
14 Ein Schiff bringt Vorräte
15 + 16 Speisekammern
17 Vorratskammern
18 Privatgemach
19 Die Große Halle, der Rittersaal
20 Die Herrentafel

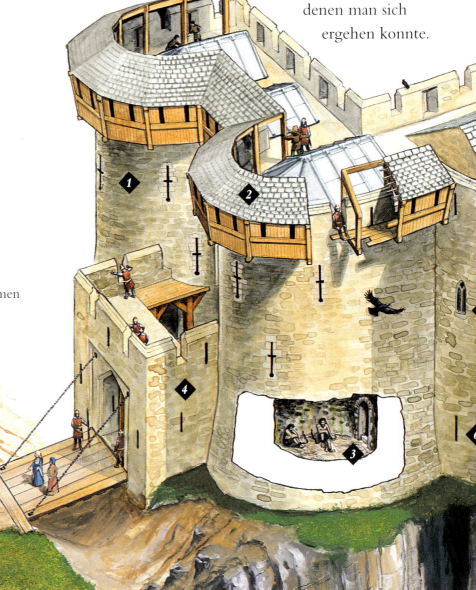

Im Inneren der Burg

Die Große Halle war der Mittelpunkt des Burglebens. Die Halle ist weiß verputzt, mit Wandzeichnungen, Teppichen und Decken geschmückt. Hinter dem Haupttisch steht ein hölzerner Wandschirm zum Schutz gegen Zugluft von den Türen her. Die großen Fenster sind manchmal schon verglast und nicht mehr nur mit Läden verschlossen – was sich aber nicht viele leisten konnten. Die Küche war durch eine Treppe mit der Halle verbunden, so daß das Essen rasch serviert werden konnte. Manchmal lagen die Küchen wegen der Brandgefahr in einem eigenen Gebäude. Im Keller befand sich eine Winde, mit der Vorratslieferungen aus Booten und Schiffen gehievt werden konnten, die unten an den Felsen anlegten. Die Aborte und Baderäume hatte man auf eine Felsenecke über dem Fluß gesetzt. Im Kellergeschoß des Torhauses lag ein Verlies für Gefangene, die auf ihre Aburteilung warteten; Gefangene von hohem Rang freilich wurden im allgemeinen gut behandelt, weil der Burgherr für sie ein hohes Lösegeld einzufordern gedachte.

Auf den Mauern halten Ritter für ihren Lehnsherren die Burgwacht, die zu ihren Pflichten gehörte. Manchmal wurden auch »Söldner« dafür angestellt.

Luftbild

HERRENSITZE UND STÄDTE

Viele Ritter hatten als Gegenleistung für ihre Dienste von reichen Feudalherren oder vom König selbst Landbesitz zu Lehen. Die Größe des Besitzes war sehr unterschiedlich; er konnte von einem einzigen Dorf bis zu ausgedehnten Ländereien reichen. Das Herrenhaus war das beherrschende Gebäude des Dorfes; hinter ihm lagen die Häuser und Hütten der Dorfbewohner, dazu Kirche und Kornmühle. Der Ritter war Herr über Grund und Boden, die Dorfleute waren seine Untergebenen. Er schuldete ihnen dafür jedoch auch Schutz in der Not, und bei manchen Festen, wie beim Erntefest, mußte er sie auf seine Kosten speisen. Innerhalb des Dorfes bestand eine breite soziale Abstufung. Im 11. Jh. gab es in England noch Sklaven, die überhaupt keine Rechte besaßen. Die Sklaverei verschwand allmählich, aber die große Mehrzahl der Bauern war unfrei und gehörte ihrem Grundherrn. Der Schwarze Tod, die Beulenpest, die Europa seit 1348 heimsuchte, brachte so vielen Menschen den Tod, daß Arbeitskräfte knapp und wertvoll wurden. Zusammen mit dem wachsenden Wohlstand führte das dazu, daß es bald mehr freie als leibeigene Bauern gab.

Bauern zahlten ihre Abgaben an den Grundherrn in Naturalien statt in Geld. Hier nimmt ein Verwalter die seinem Herrn geschuldeten Eier entgegen. Wer aber mehr erzeugte, als für ihn selbst und für den Herrn gebraucht wurde, konnte den Überschuß gegen Geld verkaufen.

Das Dorf

Dörfer konnten je nach Landschaft und Klima sehr verschieden aussehen. In halbwegs offenem Gelände wurden zwei oder drei ausgedehnte Felder von den Dorfbewohnern gemeinsam beackert. In den bergigen Teilen Englands hielt man Schafherden zur Wollgewinnung, während man in den wärmeren Gegenden Europas Wein anbaute. Wälder und Forste gehörten dem Grundherrn, nur er jagte in ihnen. Nur Köhler durften Holz aus dem Wald schlagen und brennen, um daraus Holzkohle herzustellen.

Felder
Jeder Familie im Dorf gehörte ein Flurstreifen. Sie mußten aber auch auf dem Herrenhof arbeiten.

Zehntscheuer
In ihr wurde der zehnte Teil von allen Erzeugnissen für die Kirche gelagert.

Grundgericht
Der Grundherr hielt sein eigenes Gericht. Urteile wurden auf der Stelle vollstreckt. Hier sind Übeltäter »in den Stock« geschlossen worden.

Wilderei
Wenn Wilderer erwischt wurden, mußten sie mit schweren Strafen rechnen, oft sogar mit dem Verlust von Hand oder Fuß.

Die Städte

Kaufleute handelten in den Städten mit Gewürzen aus dem Orient, Pelzen aus Rußland, Bernstein von der Ostsee und anderem. Viele Städte erwarben vom König oder Landesherren Freibriefe, die ihnen erlaubten, ihre Angelegenheiten selbst zu regeln. In der hier abgebildeten Stadt sind die Straßen dicht mit engstehenden Häusern und Läden besetzt; hier brach leicht ein Feuer aus. Die oberen Stockwerke sprangen vor und machten die Straßen dunkel. Manche Ritter erwarben eigene Stadthäuser; das war bequem, wenn man zum Markt wollte oder wenn man auf dem Schloß des Feudalherren die Burghut zu halten hatte, die zu den Dienstpflichten gehörte. Auch bei dessen Gerichtssitzungen mußten Ritter anwesend sein, in England saßen sie als Vertreter ihrer Grafschaft auch im Parlament.

Herrenhaus
Viele prächtige englische Herrenhäuser entstanden im 15. Jh. Hier feierte man Feste und hielt Hof.

Kirche
Die Kirche war der Mittelpunkt des religiösen Lebens im Dorf. Junge Paare wurden an ihrem Portal verlobt, was fast ebenso bindend war wie die Trauung.

Wassermühle
Alle mußten in der Herrenmühle mahlen lassen. Müller hatten oft den schlechten Ruf, das Gewicht des Mehls zu verfälschen.

Uferwiesen
Die Rinder und Pferde des ganzen Dorfes durften im Gras der Uferwiesen weiden.

Backofen
Die Dörfler mußten gegen Bezahlung ihr Brot im Ofen des Herren backen lassen.

Schweinemast
Die Schweine durften im Herbst im Wald des Grundherrn nach Eicheln wühlen.

DIE AUSBILDUNG ZUM RITTER

Nach ein paar Übungsstunden zu Hause erhielten die meisten Jungen auf der Burg eines großen Herren ihre Ausbildung zum Ritter und wurden Pagen genannt. Sie mußten die verschiedensten Dienste verrichten und wurden mit Pferden, Rüstung und Waffen vertraut gemacht. Mit vierzehn stiegen sie zum Knappen auf und wurden einem Ritter zugeordnet.

Im Dienst einer Dame lernte ein Page höfische Sitte. Er spielte mit ihr Schach oder andere Brettspiele, sang ihr vor oder spielte ein Instrument. Es konnte sogar vorkommen, daß ein Page bei einem gebildeten Herrn auch Lesen und Schreiben lernte.

Die Jagd
Pagen und Knappen mußten früh lernen, mit Falken und Habichten umzugehen. Sie mußten auch ein erlegtes Jagdwild »aufbrechen« können.

Pagen und Knappen trainierten ihre Kampftechniken an einem hölzernen Pfahl. Sie übten sich aber auch im Kampf mit anderen Knappen und lernten das Schießen – allerdings nur für die Jagd.

Von Pagen und Knappen verlangte man, daß sie die Ritter bei Tisch bedienten; sie lernten deshalb auch, wie man das Fleisch richtig zerlegt. All diese Künste mußten sie beherrschen, ehe sie Ritter werden konnten.

14

Ein Knappe folgte seinem Herr in die Schlacht, um ihn zu schützen, wenn er stürzte. Seit dem 13. Jh. kämpfte er bisweilen auch an seiner Seite.

Stechpuppe

Kampfübungen

Pagen und Knappen mußten sich von klein auf an Rüstungen gewöhnen. Eine Lanze wollte mit geübter Hand geführt sein; sie durfte bei einem Stoß nicht durch die Finger zurückrutschen. Bei der Stechpuppe mußte man schnell sein, damit einen der schwere Sack nicht traf.

Der Rost wird in einem Sandfaß abgescheuert.

Die Schwertleite

War ein Knappe fertig ausgebildet, erhielt er – meist zwischen dem 18. und dem 21. Lebensjahr – die Ritterweihe. Zu der Zeremonie konnten ein symbolisches Reinigungsbad oder auch eine Nachtwache, eine Vigilie, bei Waffen und Rüstung in einer Kapelle gehören. Morgens wurde er dann in symbolische Farben gekleidet: Rot stand für das Blut, Weiß für die Reinheit, Braun für die Rückkehr zur Erde. Man schnallte ihm vergoldete Sporen an und umgürtete ihn mit einem Schwert. Der Ritterschlag, ein leichter Schwertschlag auf beide Schultern, sollte an die Ideale erinnern, für die ein Ritter zu kämpfen hatte.

Rund um die Ausbildung

Übungswaffen hatten manchmal doppeltes Gewicht, um die Muskeln der Knappen zu kräftigen.

•

Der Ritterschlag war ursprünglich ein kleiner Stoß mit der Hand gegen den Hals.

•

Vom 13. Jh. an war die Ritterweihe für viele Knappen so kostspielig, daß sie sie zu vermeiden suchten.

•

Manchmal schlug ein König vor einer Schlacht noch Knappen zu Rittern, um seine Reihen aufzufüllen.

DIE RÜSTUNG

Das untenstehende Bild zeigt, wie sich die Ritterrüstungen vom Kettenhemd, einem Maschenpanzer aus kleinen, eisernen Ringen (links) zum voll ausgebildeten Plattenpanzer (rechts) entwickelt haben. Ein Kettenpanzer war zwar widerstandsfähig, aber als die Waffen allmählich immer besser wurden, mußten die Waffenschmiede sich Rüstungen ausdenken, die ihnen standhalten konnten. Feste Platten aus Stahl oder gehärtetem Leder wurden immer beliebter, wenn es darum ging, sich vor Schwertern mit scharfen Kanten und vor nadelspitzen Pfeilen zu schützen. Eine richtige Panzerrüstung hatte starke Platten mit einer glatten, leicht gewölbten Oberfläche, an der die gegnerischen Waffen abrutschten. Aber sie war gerade noch so leicht, daß sie ohne Mühe getragen werden konnte. Wer reich genug war, bestellte seine Rüstung bei einer berühmten Waffenschmiede in Deutschland oder Italien und schickte ihr seine Körpermaße oder auch einzelne Kleidungsstücke, damit die Rüstung genau angepaßt werden konnte. Weniger wohlhabende Ritter kauften vermutlich bei einem heimischen Plattner, der auf Vorrat arbeitete, »von der Stange«.

Dieser Schild aus dem frühen 14. Jh. ist aus Holz und mit bemaltem Leder überzogen. Die Hand- und Halterungsriemen sind auf der Innenseite festgenietet.

Das Zeitalter der Kettenpanzer

Dieser Ritter aus dem 11. Jh. trägt einen Hauberk, ein Panzerhemd aus Stahlringen. Der Rock ist vorne und hinten geschlitzt, um das Reiten zu ermöglichen. Ein Panzerhemd wog etwa 14 Kilo, und dieses Gewicht zog es von den Schultern und Armen nach unten. Der große Holzschild schützt die linke Seite des Ritters und beim Reiten auch einen Teil der Flanke des Pferdes. Der konische Helm hat ein Nasenband, um die Nase des Ritters vor Schwerthieben zu schützen.

Vom Panzerhemd zum Plattenpanzer

Der Ritter aus dem 13. Jh. (zweiter von links) trägt Maschengeflecht an Händen, Beinen und Füßen. Das farbenprächtige Übergewand, der Waffenrock, sollte vielleicht zum Schutz gegen Regen und Hitze dienen. Der große Helm kann an einer Kette über die Schulter gehängt werden. Der Ritter aus der Zeit um 1350 (dritter von links) hat einen Plattenrock über dem Kettenhemd und röhrenförmige Platten an Armen und Beinen. Er trägt eine leichtere Eisenkappe, eine Beckenhaube, statt eines Helmes. Schon um 1400 trugen manche Ritter eine Rüstung fast ganz aus reinen Stahlplatten. Schilde wurden fast nur noch beim Turnier verwendet.

So wie der Ritter rechts könnte der englische Earl of Warwick, ein mächtiger Ritter, der 1471 zu Tode kam, ausgesehen haben. Ein Plattenpanzer konnte modelliert und damit der Mode angepaßt werden. In den Zentren der Plattnerei gab es unterschiedliche Stilrichtungen. Diese englische Rüstung ist im Stil italienisch, ergänzt um einige Merkmale deutscher Rüstungen. Der Earl braucht zum Aufsitzen keine fremde Hilfe, da seine Rüstung nur 20-25 Kilo wiegt, weniger als das Marschgepäck eines heutigen Infanteristen. Außerdem war ihr Gewicht gut über den ganzen Körper verteilt. Ein Ritter konnte in voller Rüstung laufen oder sich hinlegen. Manche Ritter rühmten sich, sie könnten sich mit einem Satz in den Sattel schwingen. Unter seiner Rüstung trug ein Ritter weiches Unterzeug. Er konnte zwei Bänder unter dem Plattenrock lösen, wenn er zur Toilette wollte. Dennoch wurde es unter der Rüstung leicht sehr heiß, weil die Körperwärme nicht entweichen konnte. Nicht selten sind Ritter, die bei einem Zusammenstoß eingekeilt wurden, in ihren Rüstungen erstickt.

Das Beinzeug

Bei einem Ritter, der zu Pferde saß, waren die Knie ein leichtes Ziel für Fußsoldaten. Vor dem 12. Jh. trugen die Ritter noch kaum Beinzeug; erst dann begann man, sich Kettenstreifen vor die Beine zu binden. Man trug auch Strümpfe aus Kettengeflecht, bei denen eine Ledersohle das Laufen erleichterte. Ein Hieb auf die Kniescheibe konnte einen Ritter auf Dauer lähmen. Als deshalb im 13. Jh. Beinzeug aus Platten aufkam, war das Knie oft das erste, was gedeckt wurde – durch eine tassenförmige Kappe, die Kniekachel. Im 14. Jh. waren Bein und Fuß dann völlig stahlgeschützt. Die Platten für Schienbein und Wade (Beinröhre), die auch einen Knöchelschutz bilden sollten, waren sehr schwer herzustellen. Man benutzte für sie außer Stahl auch gehärtetes Leder, Fischbein und Horn. Im späten 14. Jh. kamen ein Oberschenkelschutz dazu, der Diechling, der oft mit Nieten besetzt war, die kleine Metallplatten festhielten – eine ähnliche Machart wie bei dem Waffenrock, den man »Brigandine« nannte.

Durch die Kettenstrümpfe lief unterhalb des Knies ein Band, das sie am Rutschen hinderte. Wie diese Strümpfe oben befestigt wurden, weiß niemand genau; diese Methode hier könnte ungefähr stimmen.

Rund um das Beinzeug

An erhaltenen Beinröhren sieht man, daß die meisten Ritter sehr schlanke Waden hatten; vielleicht, weil sie mehr ritten als liefen.

Knochenfunde aus Gräbern von einer Schlacht in Gotland in Schweden (1361) zeigen, daß Beinverletzungen häufiger als andere vorkamen. Wobei wir nicht wissen, ob hier Beinschutz getragen und ob geritten wurde.

Bei der Belagerung von Orléans (1429) trat Johanna von Orléans auf einen gegnerischen Fußstachel, der ihre Ledersohle durchbohrte.

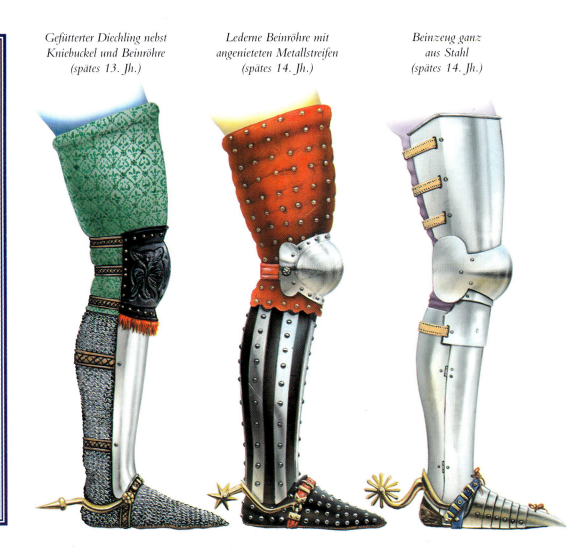

Gefütterter Diechling nebst Kniebuckel und Beinröhre (spätes 13. Jh.)

Lederne Beinröhre mit angenieteten Metallstreifen (spätes 14. Jh.)

Beinzeug ganz aus Stahl (spätes 14. Jh.)

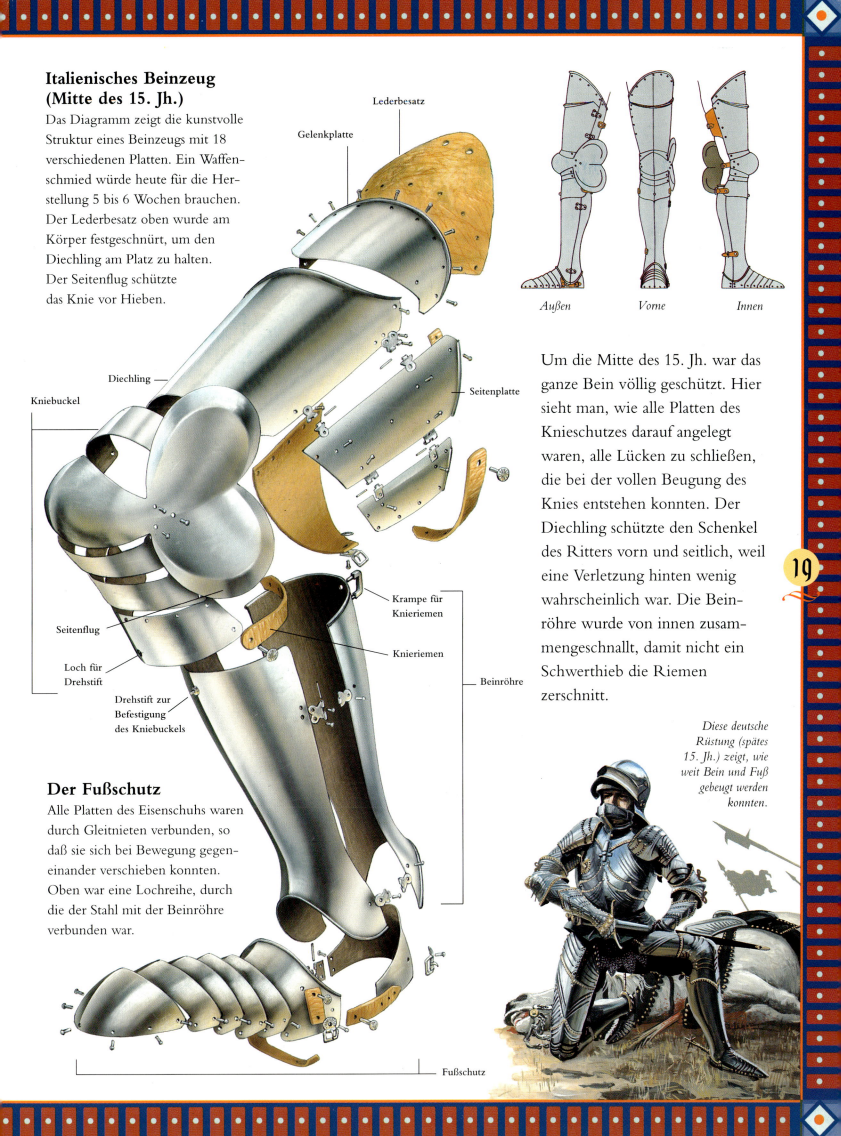

Italienisches Beinzeug (Mitte des 15. Jh.)

Das Diagramm zeigt die kunstvolle Struktur eines Beinzeugs mit 18 verschiedenen Platten. Ein Waffenschmied würde heute für die Herstellung 5 bis 6 Wochen brauchen. Der Lederbesatz oben wurde am Körper festgeschnürt, um den Diechling am Platz zu halten. Der Seitenflug schützte das Knie vor Hieben.

Der Fußschutz

Alle Platten des Eisenschuhs waren durch Gleitnieten verbunden, so daß sie sich bei Bewegung gegeneinander verschieben konnten. Oben war eine Lochreihe, durch die der Stahl mit der Beinröhre verbunden war.

Außen   Vorne   Innen

Um die Mitte des 15. Jh. war das ganze Bein völlig geschützt. Hier sieht man, wie alle Platten des Knieschutzes darauf angelegt waren, alle Lücken zu schließen, die bei der vollen Beugung des Knies entstehen konnten. Der Diechling schützte den Schenkel des Ritters vorn und seitlich, weil eine Verletzung hinten wenig wahrscheinlich war. Die Beinröhre wurde von innen zusammengeschnallt, damit nicht ein Schwerthieb die Riemen zerschnitt.

Diese deutsche Rüstung (spätes 15. Jh.) zeigt, wie weit Bein und Fuß gebeugt werden konnten.

DER HARNISCH

Soweit die Rüstung den Oberkörper bedeckt, heißt sie Harnisch oder Küraß. Dieser Name kommt von dem französischen Wort »cuir« (»Leder«). Bis ins 14. Jh. trugen die Ritter meist einen Kettenpanzer, den »Hauberk«, über einem wattierten Unterkleid, das Schläge dämpfte, oder auch einen Schuppenpanzer. Seit dem frühen 13. Jh. verstärkten manche Ritter den Schutz von Brust und Rücken durch gehärtetes Leder. Dieses Lederwams wurde an den Seiten geschnürt oder geschnallt und über dem Panzer, aber noch unter dem Waffenrock getragen. Manche Ritter setzten auch Platten in ihr Übergewand ein, und um 1300 bürgerte sich der Plattenrock mit seinem durchgehenden Plattenbesatz ein. Eine feste Brustplatte kam auf. Um 1400 wurden die durch Nieten und Verschnürungen zusammengefügten Platten meist ohne Waffenrock getragen. Der blanke Stahl ließ die Rüstung fast weiß erscheinen.

Das gefütterte Untergewand wurde zum Dämpfen von Schlägen unter dem Kettenhemd getragen. Es hatte einen festen Kragen.

Bei diesem Rock sind die Schuppen auf feste Leinwand genietet.

Eisen- und Stahlplatten wurden auf die Innenseite der Leinwand genietet; die Nietköpfe sieht man hier von außen. Sie konnten die Form von Blumen haben.

Der Plattenrock

Dieser durch Schulterkappen verstärkte Plattenrock aus der Mitte des 14. Jh. wurde über den Kopf gezogen und hinten geschnallt. Das verwendete Material war oft sehr kostbar; Eduard III. trug Goldtuch, Samt und weißes Leder.

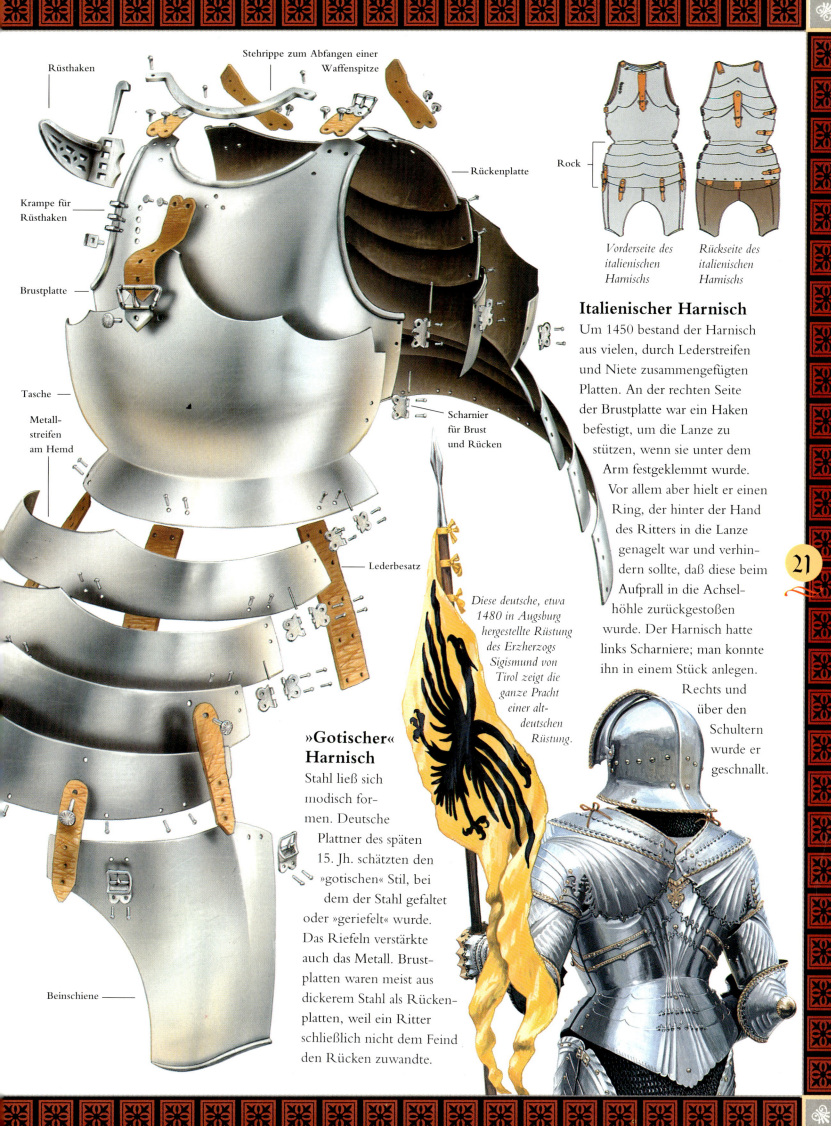

Rüsthaken
Stehrippe zum Abfangen einer Waffenspitze
Rückenplatte
Krampe für Rüsthaken
Brustplatte
Tasche
Metallstreifen am Hemd
Scharnier für Brust und Rücken
Lederbesatz
Beinschiene

Rock

Vorderseite des italienischen Harnischs

Rückseite des italienischen Harnischs

Italienischer Harnisch

Um 1450 bestand der Harnisch aus vielen, durch Lederstreifen und Niete zusammengefügten Platten. An der rechten Seite der Brustplatte war ein Haken befestigt, um die Lanze zu stützen, wenn sie unter dem Arm festgeklemmt wurde. Vor allem aber hielt er einen Ring, der hinter der Hand des Ritters in die Lanze genagelt war und verhindern sollte, daß diese beim Aufprall in die Achselhöhle zurückgestoßen wurde. Der Harnisch hatte links Scharniere; man konnte ihn in einem Stück anlegen. Rechts und über den Schultern wurde er geschnallt.

Diese deutsche, etwa 1480 in Augsburg hergestellte Rüstung des Erzherzogs Sigismund von Tirol zeigt die ganze Pracht einer altdeutschen Rüstung.

»Gotischer« Harnisch

Stahl ließ sich modisch formen. Deutsche Plattner des späten 15. Jh. schätzten den »gotischen« Stil, bei dem der Stahl gefaltet oder »geriefelt« wurde. Das Riefeln verstärkte auch das Metall. Brustplatten waren meist aus dickerem Stahl als Rückenplatten, weil ein Ritter schließlich nicht dem Feind den Rücken zuwandte.

DAS ARMZEUG

Die Schultern eines Ritters waren ein Hauptziel des Gegners, sie waren besonders durch die Schwerthiebe gefährdet, die vom Helm abglitten. Die Arme waren dagegen schwerer zu treffen, weil der linke vom Schild geschützt und der rechte beim Gebrauch der Waffen ständig in Bewegung war. Ein gebrochener Arm oder Ellbogen machte den Ritter kampfunfähig, und wenn die Verletzung nicht gut heilte, war es mit der Ritterlaufbahn vorbei. Die frühen Ritter schützten ihre Arme mit Kettenärmeln, die bis zum Ellbogen reichten, im 12. Jh. gingen sie bis zum Handgelenk. Feste Platten wurden offenbar erst um 1350 benutzt, und zwar zuerst an der Außenseite der Arme; Ellbogen und Schultern erhielten einfache Scheiben. Diesen Schutz für den ganzen Arm nannte man das Armzeug. Um 1350 waren die Arme eines Ritters vollständig geschützt; der Ellbogen erhielt einen eigenen Schutzflügel gegen Schwerthiebe.

Dieses Bild von Sir Hugh Hastings (etwa 1340) beruht auf einer Darstellung auf seinem Grab. Er trägt röhrenförmige Platten an der Außenseite der Arme sowie Ellbogenkappen und Schwebescheiben, die an Schulter und Ellbogen festgeschnürt sind.

Manche Ritter, vor allem deutsche, trugen offenbar metallverstärktes Lederzeug.

Das dreiteilige Armzeug

Manche deutschen Ritter des 15. Jh. bevorzugten eine ältere Form des dreiteiligen Armzeugs. Hier schnallt gerade ein Knappe die tassenförmige Ellbogenkappe fest. Das Oberarmzeug sitzt schon fest an seinem Platz, ebenso die Unterarmröhre.

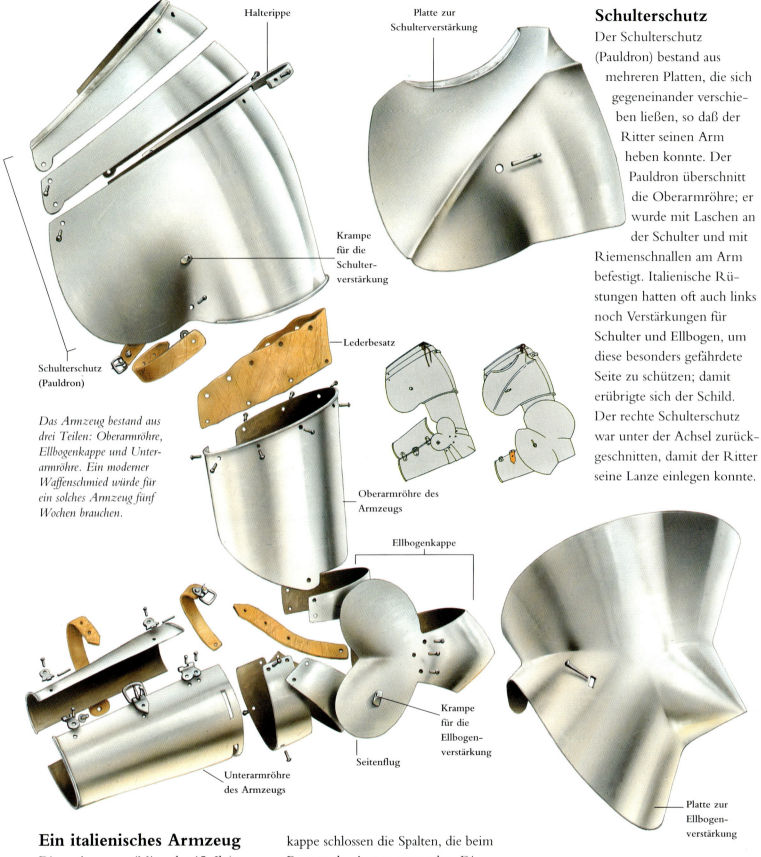

Schulterschutz

Der Schulterschutz (Pauldron) bestand aus mehreren Platten, die sich gegeneinander verschieben ließen, so daß der Ritter seinen Arm heben konnte. Der Pauldron überschnitt die Oberarmröhre; er wurde mit Laschen an der Schulter und mit Riemenschnallen am Arm befestigt. Italienische Rüstungen hatten oft auch links noch Verstärkungen für Schulter und Ellbogen, um diese besonders gefährdete Seite zu schützen; damit erübrigte sich der Schild. Der rechte Schulterschutz war unter der Achsel zurückgeschnitten, damit der Ritter seine Lanze einlegen konnte.

Das Armzeug bestand aus drei Teilen: Oberarmröhre, Ellbogenkappe und Unterarmröhre. Ein moderner Waffenschmied würde für ein solches Armzeug fünf Wochen brauchen.

Ein italienisches Armzeug

Dieses Armzeug (Mitte des 15. Jh.) wurde an der Schulter mit Laschen befestigt, die durch Löcher am Lederbesatz der Oberarmröhre führten. Die scharnierverbundenen Platten der Unterarmröhre wurden durch eine feste Schnalle an ihrem Platz gehalten. Die kleinen Platten über und unter der Ellbogenkappe schlossen die Spalten, die beim Beugen des Armes entstanden. Die unterste Scheibe war am Unterarmzeug mit Nieten befestigt, die in einem Schlitz hin- und hergleiten konnten, so daß der Ritter den Unterarm drehen konnte. Die Bilder rechts zeigen Gleitnieten (links) und zwei Platten in Drehbewegung um einen einzigen Niet (rechts).

DIE PANZERHANDSCHUHE

Die ersten Ritter trugen noch keine Handpanzerung. Sie verließen sich auf den Schild und auf den Schutz der metallenen Parierstange am Schwertgriff. Um 1180 zog man erstmals das Kettenhemd zum Schutz der Hand so weit herunter, daß sich eine Handdecke oder ein Fäustling bildeten. Das hielt sich etwa 150 Jahre lang. Seit dem Ende des 13. Jh. trugen die Ritter dann zunehmend richtige, zunächst ziemlich plumpe Handschuhe, vermutlich aus Leder. Daraus entwickelte sich ein Kampfhandschuh, dessen Fischbein- oder Metallschuppen auf Stoff geheftet oder zwischen zwei Gewebeschichten so vernietet wurden, daß die Nietköpfe außen saßen. Um 1350 trugen fast alle Ritter Panzerhandschuhe mit Stahlplatten an der Außenseite. Ihre Fingerstücke wurden von je einer Reihe kleiner Platten geschützt. Um 1430 herrschten Kampfhandschuhe in Form von Stahlfäustlingen vor, aber gegen Ende des 15. Jh. gab es mancherorts auch wieder Fingerhandschuhe.

Dieser Panzerhandschuh wurde für den Schwarzen Prinzen (†1376) gefertigt. Er hat die typische »Stundenglas«-Form: die Stulpe springt weit heraus, und die Finger haben getrennte Schienen. An jedem Gelenk sitzt ein Metallgeschübe; auf diese Weise konnte der Ritter die geballte Faust wie einen Schlagring benutzen. Die Geschübe des Schwarzen Prinzen hatten Löwengestalt.

Dieser Kampfhandschuh aus dem frühen 14. Jh. hat Fischbeinschuppen, die auf einem Unterhandschuh sitzen.

Kettenhandschutz

Im 13. Jh. schützten die Ritter ihren Handrücken meist nur mit einer Verlängerung des Kettenärmels. In der Handfläche sorgten Tuch oder Leder für einen sicheren Griff. Schwierig war es, bei einem verwundeten Ritter den Handschutz abzunehmen. Man legte einen Schlitz über die Handfläche, durch den man die Hand hinausziehen konnte. Eine Schnur am Handgelenk verhinderte, daß das Kettengeflecht ganz über die Hand rutschte.

Rund um die Panzerhandschuhe

Wurde die Ehre eines Ritters angezweifelt, so konnte er seinem Ankläger den Handschuh hinwerfen. Hob der ihn auf, war die Forderung angenommen.

Beim Krönungsbankett der englischen Könige ritt ein Königsherold in voller Rüstung in die Halle von Westminster. Er warf seinen Handschuh jedem hin, der die Rechtmäßigkeit des neuen Königs anzweifelte.

Italienischer Panzerhandschuh

Diese Skizze zeigt, wie ein italienischer Panzerfäustling um 1450 zusammengesetzt war. Die Platten lagen um einen Lederhandschuh herum. Die Handfläche blieb ausgespart; ein Ritter konnte so das Schwert leicht umspannen. Der linke Handschuh hatte oft nur einen Riegel über den Fingern. Er brauchte nicht so beweglich zu sein; denn die Waffen wurden meist mit der rechten Hand geführt.

An der Unterseite der Finger liefen zusätzliche Bänder, um die Nähte zu entlasten.

Stahlhandschuh

Aus 26 Metallteilen besteht dieser Handschuh. Der Innenteil ist auf Leder- oder Leinwandstreifen genäht, die innen mit den Panzerplatten vernietet sind. Die Finger sind oben durch ledergefütterte Kuppen geschützt.

Deutsche Hentze

Noch Mitte des 15. Jh. waren deutsche Kampfhandschuhe Fäustlinge, später jedoch wurde zum Beispiel dieses schöne Exemplar, das einen Runddolch hält, mit einzeln gegliederten Fingern gefertigt. Jedes Fingergelenk war mit einem Geschübe versehen, das die angrenzenden Platten überlagerte. Der Ritter konnte die Faust ballen, ohne daß man etwas vom Innenhandschuh sah.

Aus dem Sterbe-Inventar des Ritters Raoul de Nesle (1302) wissen wir, daß er 20 Schilling für zwei Paar Panzerhandschuhe in rotem Leder bezahlt hat. Das wären heute fast 900 Deutsche Mark.

Der Ritter Sir Nicholas Bembre wurde 1388 des Hochverrats angeklagt. Er bot an, sich zu reinigen, woraufhin die Handschuhe seiner Herausforderer so dicht »wie Schnee« zu Boden fielen.

DIE HELME

Der Helm war einer der ersten Teile der Rüstung, die aus festem Stahl gefertigt wurden. Eine in Europa weit verbreitete Frühform war der konische Helm. Er hatte ein Nasenband zum Schutz gegen feindliche Schwerthiebe. Am Ende des 12. Jh. besaßen einige Helme schon einen Gesichtsschutz, und bald war der ganze Kopf in einen großen Helm gehüllt, der mit Sehschlitzen und Löchern zum Atemholen versehen war. Eine gefütterte Kappe unter dem Helm half, die Erschütterung schwerer Schläge zu mildern. Fußkämpfer trugen oft nur einen offenen Eisenhut, und auch manche Ritter hielten an ihm fest, weil er mehr Luft an das Gesicht ließ. Der Helm war heiß und stickig und dämpfte das Gehör. Im 14. Jh. fanden viele Ritter den großen Helm lästig und gingen zu den leichteren Sturmhauben über, die häufig Visiere und einen eisernen Nackenschutz hatten.

Dieser konische Helm bestand aus vier Platten und einem Randstück.

Dieser große Helm aus dem 13. Jh. hatte eine Helmzier aus Holz und Leder, dazu ein Helmtuch. Er wurde manchmal über einer Eisenkappe getragen.

Eine Wattekappe unter dem Helm milderte Schläge.

Diese eiserne Cerveillière des 13. Jh. wurde über oder unter einer Kettenkapuze getragen.

Diese Beckenhaube (Bacinet) aus dem 14. Jh. hat ein abnehmbares Visier und einen eisernen Nackenschutz. Dieser war über eine Schnur mit Krampen am Helm befestigt. Wenn er gereinigt oder repariert werden mußte, brauchte man nur die Schnur zu lösen.

Der Eisenhut hatte einen breiten Rand, der herabfallende Wurfgeschosse abrutschen ließ.

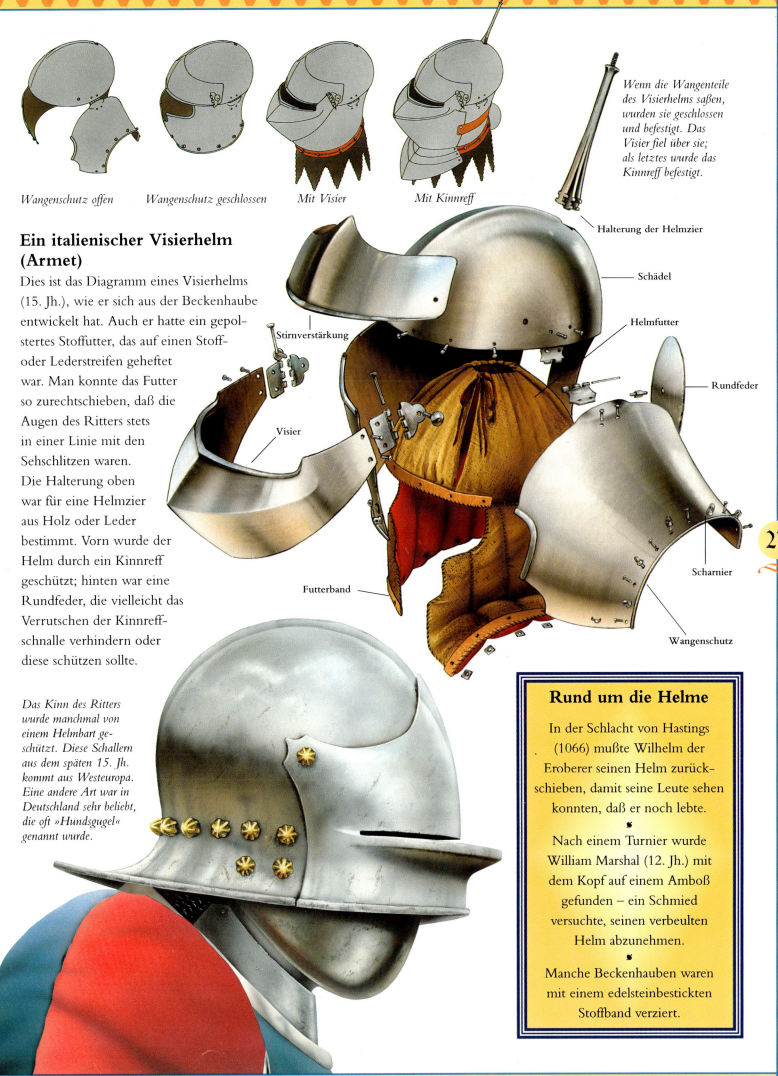

Wangenschutz offen   *Wangenschutz geschlossen*   *Mit Visier*   *Mit Kinnreff*

Wenn die Wangenteile des Visierhelms saßen, wurden sie geschlossen und befestigt. Das Visier fiel über sie; als letztes wurde das Kinnreff befestigt.

Ein italienischer Visierhelm (Armet)

Dies ist das Diagramm eines Visierhelms (15. Jh.), wie er sich aus der Beckenhaube entwickelt hat. Auch er hatte ein gepolstertes Stoffutter, das auf einen Stoff- oder Lederstreifen geheftet war. Man konnte das Futter so zurechtschieben, daß die Augen des Ritters stets in einer Linie mit den Sehschlitzen waren. Die Halterung oben war für eine Helmzier aus Holz oder Leder bestimmt. Vorn wurde der Helm durch ein Kinnreff geschützt; hinten war eine Rundfeder, die vielleicht das Verrutschen der Kinnreffschnalle verhindern oder diese schützen sollte.

Das Kinn des Ritters wurde manchmal von einem Helmbart geschützt. Diese Schallern aus dem späten 15. Jh. kommt aus Westeuropa. Eine andere Art war in Deutschland sehr beliebt, die oft »Hundsgugel« genannt wurde.

Halterung der Helmzier
Schädel
Helmfutter
Rundfeder
Scharnier
Wangenschutz
Stirnverstärkung
Visier
Futterband

Rund um die Helme

In der Schlacht von Hastings (1066) mußte Wilhelm der Eroberer seinen Helm zurückschieben, damit seine Leute sehen konnten, daß er noch lebte.

Nach einem Turnier wurde William Marshal (12. Jh.) mit dem Kopf auf einem Amboß gefunden – ein Schmied versuchte, seinen verbeulten Helm abzunehmen.

Manche Beckenhauben waren mit einem edelsteinbestickten Stoffband verziert.

DER GEWAFFNETE RITTER

Ein Ritter wurde von einem oder mehreren Knappen oder Pagen gewaffnet. Dabei begann man mit den Füßen. Erst legte der Ritter ein Leinenhemd und Unterhosen an, die aber eher wie lose Boxershorts aussahen. Darüber kam eine Art wollene Strumpfhose – lange Strümpfe, die oben zusammengefügt wurden. Ihr könnt sehen, wo der Knappe die Knie umwickelt hat, damit die Stahlplatten nicht scheuern. Wenn er keine Rüstung trug, befestigte der Ritter seine Strümpfe an einem Wams aus Stoff, und zwar mit stabilen Schnürlaschen, die gegen das Ausfransen mit Metallkappen versehen waren. Aber unter der Rüstung trug er ein Steppwams und »nestelte« die Strumpfhose an diesem fest. Die Strumpfhose hatte vorn eine Klappe, die für den Gang zur Toilette losgebunden werden konnte.

Das Steppwams hatte pechgetränkte Drahtlaschen zum Festschnüren von Rüstungsteilen. Stahlkacheln schützten Achselhöhlen und Ellbogen, ein fester Panzerkragen aus dickeren Stahlringen den Hals. Panzerhose (Mitte) oder -rock (unten) wurden erst nach dem Beinzeug angelegt.

Hier legt ein Knappe Diechling und Kniebuckel in einem Stück über Knie und Oberschenkel. Der Kniebuckel wurde über einen Stift an die Beinröhre angeschlossen, der Diechling mit dem Wams verschnürt.

Rund um das Gewaffnen

Oft hatte eine Ritterrüstung eingestempelte Kennzeichen: etwa das Handelszeichen des Waffenschmieds oder eine Marke des Herstellungsortes, die eine Qualitätsprüfung bezeugte.

Ein italienischer Waffenschmied besuchte König Ludwig XI. 1466, um Maß für eine Rüstung zu nehmen. Er mußte den König Tag und Nacht beobachten, um die Rüstung anzupassen.

1441 kostete eine vollständige Rüstung aus Mailand 8 englische Pfund, 6 Schillinge, 14 Pence.

Der Knappe legte die Brust- und Rückenplatten an und schnallte sie auf der rechten Seite zusammen; links waren Scharniere. Der Plattenrock sitzt schon fest. Der Ritter konnte den Sitz der Beinschienen, die bereits an den Rock angeschlossen sind, selbst richten.

Cap-à-pie

Von einem voll gewaffneten Ritter sagte man mit einem alten französischen Wort, er sei »cap-à-pie«, von Kopf bis Fuß, gerüstet. Seit Mitte des 15. Jh. gab es zwar sehr viele Einzelteile der Rüstung, aber viele davon waren miteinander verbunden, so daß ein Ritter von zwei Knappen in zehn bis fünfzehn Minuten vollständig gewaffnet werden konnte. Zuletzt wurde der Helm angelegt und die untere Partie des Gesichtsschutzes festgeschnallt. Wenn es nicht direkt in den Kampf ging, hielt der Ritter den Helm im Arm und hängte seine Panzerhandschuhe an den Schwertknauf.

Der Knappe schnürte das Armzeug durch die beiden unteren Schnürlöcher fest. Der Schulterschutz wurde durch die beiden oberen Löcher befestigt und an den Oberarm geschnallt. Wenn die Schulterkacheln sicher montiert waren, befestigte der Knappe die Sporen an den Absätzen. Im Fußkampf trug ein Ritter jedoch keine Sporen, um nicht durch sie zu Fall gebracht zu werden.

Parierstange

Schaft

Blutrinne

Griff eines
Schwerts aus
dem 13. Jh.

Knauf

Schwert und
Scheide,
11. Jh.

Kappe

Gurt

Scheide

DIE WAFFEN

Die wichtigste Waffe des Ritters war sein Schwert. Die Ritter auf dem Bild unten schwingen Hiebschwerter mit zweischneidigen Klingen. Seit dem Ende des 13. Jh. jedoch liefen die Schwerter unten spitz zu; der Querschnitt der Klinge war eher rautenförmig als flach. Diese stärkere, stabilere Waffe konnte glatt einen Kettenpanzer durchschlagen. Einige Schwerter waren so lang, daß die Ritter sie nur mit beiden Händen führen konnten. Man nannte diese Schwerter »Bidenhänder«; sie hingen vom Sattel herab. Ein besonders schweres Schwert, das fast an ein Fleischerbeil erinnerte, nannte man »Falchion«. Die zweite wichtige Waffe des Ritters war die Lanze mit einem Schaft aus Eschenholz und einer scharfen Stahlspitze. Im 11. Jh. wurden Lanzen wie Wurfspeere verwendet oder im freien Stoß geführt. Seit 1100 ritten die Ritter in geschlossener Formation mit eingelegter, d.h., unter der Achsel festgeklemmter, Lanze gegen den Feind. Seit etwa 1300 waren die Lanzen mit der »Brechscheibe«, einer eisernen Platte zum Schutz der Hand, versehen.

Schwerter konnten einem ungeschützten Körper schreckliche Wunden zufügen. Sie konnten Kettengeflecht durchtrennen und dabei einzelne Ringe in die Wunde treiben, an denen sie sich dann infizierte. Dabei ließ das Schwert sich in der Schlacht leicht schwingen, weil sein Gewicht gut ausbalanciert war. Das Gewicht von Griff und Knauf entsprach ungefähr dem der Klinge.

Schwert und Scheide

Die Klinge hatte in der Mitte in Längsrichtung eine Vertiefung, die sogenannte Blutrinne; sie verringerte das Gewicht des Stahls. Oben steckte der Schaft in dem hölzernen Griff, der meist mit Seide, Leder oder Draht umwickelt war, damit er in einer verschwitzten Hand nicht rutschte. Der Knauf an seinem Ende hielt die Hand des Ritters am Griff. Die Parierstange bot einen gewissen Schutz vor gegnerischen Hieben. Hölzerne Scheiden waren mit Leder bezogen, eine Metallkappe schützte ihr unteres Ende, und manchmal befand sich oben ein metallener Verschluß.

Dolche, Streitkolben und langschäftige Waffen

Außer Schwert und Lanze waren in Nordeuropa Äxte sehr beliebt. Seit dem 13. Jh. führten manche Ritter Streitäxte für den Reiterkampf; Dolche wurden immer gebräuchlicher. Mit der Verbreitung der Plattenrüstung kamen eisenbeschlagene Streitkolben und später sogar Kriegshämmer auf, mit denen man schmetternde Schläge austeilen konnte. Für besonders schwere Schläge benutzte man auch Waffen mit Stahlköpfen auf langen Holzschäften. Sie waren beim Fußvolk beliebt, aber auch bei Rittern, wenn sie zu Fuß kämpften. Das Axteisen hatte einen Axtkopf mit rückwärtigem Hammer oder Stachelhaken. Manche Fußsoldaten verwendeten einfach Ackergerät für Schaftwaffen. Die Hellebarde des Fußsoldaten unten links war bei Deutschen und Schweizern beliebt. Sie war ursprünglich aus einer Pflugschar gefertigt.

Bilderklärung
1. Runddolch, 14. Jh.
2. Stilettdolch, 15. Jh.
3. Lanze, 11. Jh.
4. Stoßschwert, 14. Jh.
5. Falchion, 13. Jh.
6. Bidenhänder, 14. Jh.
7. Reiteraxt, 14. Jh.
8. Streitkolben, 14. Jh.
9. Kriegshammer, 15. Jh.
10. Axteisen, spätes 15. Jh.

Rund um die Waffen

Es heißt, daß die von den Anglo-Dänen im 11. Jh. gebrauchte Langaxt mit einem Schlag durch Roß und Reiter hindurchhauen konnte.

Ein Ritterschwert wog ungefähr ein Kilo.

Plattenpanzer gaben guten Schutz; deshalb stieß man Dolche durch die Stahlringe der Achselhöhle und durch die Sehschlitze der Visiere.

DIE WAFFENSCHMIEDE

Ein heutiger Waffenschmied würde etwa vier Monate brauchen, um eine Rüstung herzustellen. Diese emsige italienische Werkstatt schaffte vermutlich sechs pro Tag. Der Waffenschmied, auch Plattner genannt, markierte den Umriß für die gewünschte Rüstung und schnitt die Stahlfolie dann mit riesigen, scherenähnlichen Schneidezangen (unten). In dem Holzkohlen-Schmelzofen ganz rechts wurde der Stahl erhitzt und für die Bearbeitung weicher gemacht. Die Blasebälge arbeiteten, wenn mehr Hitze nötig war. Neben den Bälgen hat der Schmied gerade ein heißes Stück Stahl auf dem Amboß zurechtgeklopft und es zum Abkühlen und Härten in kaltes Wasser getaucht. Ganz rechts wird ein Helm über einem pilzköpfigen Pflock aufgebaut, der in einem Baumstamm steckt. Der Mann rechts am Tisch unten macht Feinarbeit, während der ganz links Einzelstücke zum Vernieten, Beledern und Füttern zurechtbiegt. Ein Lehrling lernte mehrere Jahre lang in einer solchen Werkstatt, ehe er als fertiger Waffenschmied galt.

Für Kettenringe wurde Eisendraht durch verschieden große Löcher eines Holzbrettes getrieben, je nach dem wie dick er sein sollte.

Die Ringe wurden an den Enden flachgehämmert, durchbohrt, mit vier anderen Ringen verflochten und mit einem Niet geschlossen.

Nahm man Kettenglieder weg oder fügte welche hinzu, änderte sich die Form des Geflechts. Ein Kettenhemd wog etwa 15 Kilo.

Dieser französische Königshelm (15. Jh.) ist vergoldet, erhaben geprägt und emailliert.

Für einen leichten Nackenschutzhelm wurde ein flaches Stahlblech an den Rändern nach unten gebogen.

Durch Hämmern wurde das Metall hart, durch Erhitzen weich.

Der Rand wurde herausgetrieben und seine Kanten über Draht gezogen.

Der polierte Helm bekam noch ein Futter und Kinnriemen.

Die Verschönerung

An einer Plattnerei war ein ganzes Arbeitsteam beteiligt: Waffenschmiede, Appretierer, Polierer – aber auch Maler, Ätzer und Güldner, die der Rüstung ihren Schliff gaben. Manche Plattenpanzer wurden durch Erhitzen gebläut. Die wichtigsten Kanten konnten mit Kupfer, Messing oder einem Edelmetall wie Gold oder Silber gesäumt und verziert sein. Manchmal waren diese »Borten« auch mit eingravierten Zeichnungen versehen, die seit 1450 manchmal auch mit Säure eingeätzt und bisweilen mit Gold verziert wurden.

DIE PFERDE

Meist erkannte man den Ritter schon an seinem Pferd – es war sein eigentliches Merkmal. »Ritter« bedeutet auf deutsch einfach »der Reiter«. Das Streitroß eines Ritters war ein Hengst, ein angriffslustiges Tier, das eigens dafür gezüchtet wurde. Wahrscheinlich brachte man ihm auch bei, Gegner zu beißen und zu treten. Es hatte einen kräftigen Körper mit weiten Lungen und gestauter Kraft, dazu gute Muskeln, mit denen es einen gepanzerten Mann tragen konnte. Hochgezogene Sattelbögen und lange Steigbügel sorgten dafür, daß der Reiter mit dem Pferd fast verschmolzen war. Er saß völlig sicher, oder besser: er stand fast aufrecht in den Bügeln. Sein Pferd war sehr beweglich und viel kleiner als heutige Zugpferde. In späteren Jahrhunderten besaß ein Ritter mehr als nur ein Streitroß, für den Fall, daß eines getötet oder verletzt wurde oder nicht in guter Verfassung war. Man nannte diese Streitrosse auch Dextrier – nach dem lateinischen Wort für »rechts«, wahrscheinlich, weil sie zur rechten Hand geführt wurden. Ein Ritter mußte schon recht wohlhabend sein, wenn er mehrere solcher Pferde kaufen und halten wollte, denn sie waren sehr teuer – ungefähr so teuer wie heute ein Auto. Frauen ritten kleinere, sanftere Damenpferde, und zwar im Damensitz, wenn sie nicht eine Sänfte benutzten, die zwischen zwei Pferde gehängt wurde. Wenn eine Dame die Frau eines Ritters war, mußte er ihre Pferde mit unterhalten.

Seit dem 13. Jh. trugen Pferde häufig eine Bedeckung aus Tuch, eine Pferdedecke oder Schabracke. Diese konnte gefüttert oder, wie oben zu sehen, gepanzert sein. Manche Pferde trugen einen Kopfpanzer, eine »Roßstirn« aus Leder oder Stahl, die bunt bemalt sein konnte.

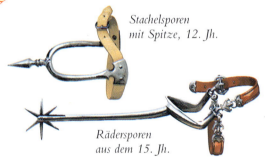

Stachelsporen mit Spitze, 12. Jh.

Rädersporen aus dem 15. Jh.

Pferde für alle

Ein gut ausgestatteter Ritter benötigte so viele Pferde, daß nur ein wohlhabender Mann es sich leisten konnte, Ritter zu werden. Der Ritter aus dem späten 14. Jh. (rechts) ist mit vier Pferden dargestellt, der kleinstmöglichen Anzahl. Oft brauchten auch noch Gefolgsleute Pferde; dazu kamen andere Reitdienste, und auch Packpferde wurden benötigt.

Das Streitroß, der »Dextrarius« oder »Renner«, auch das »Große Pferd« genannt, war das beste unter den Pferden eines Ritters.

Wenn es nicht zum Kampf ging, nahm der Ritter ein edles, leichtgehendes Pferd, »Zelter« genannt.

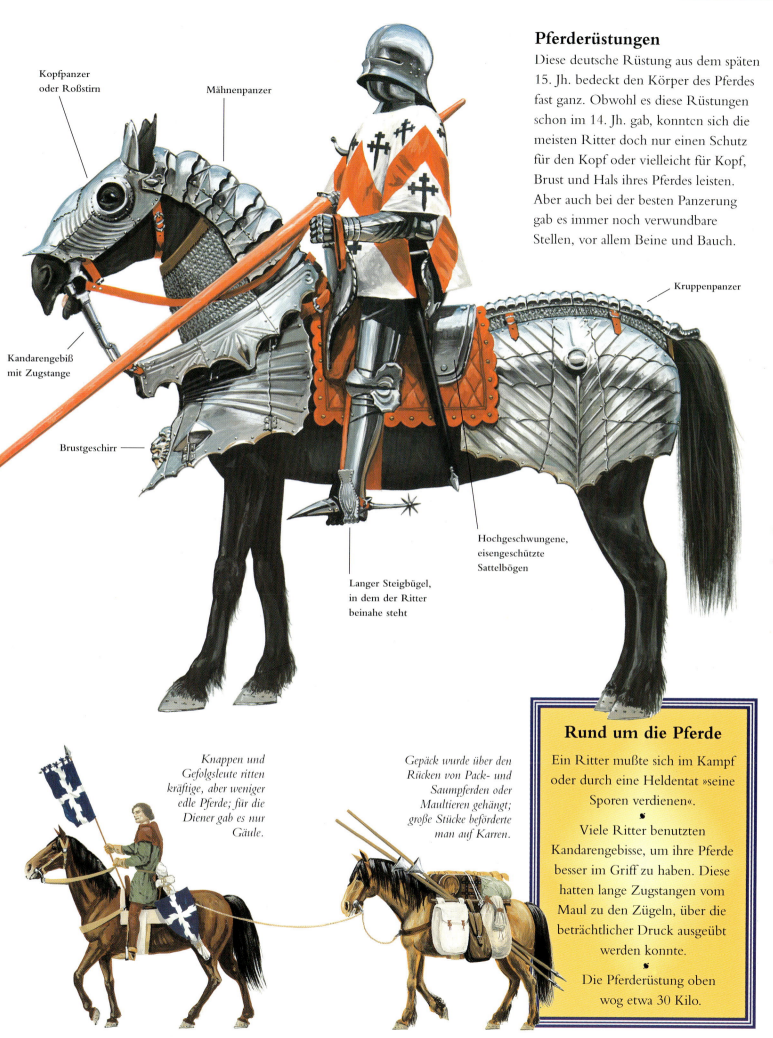

Kopfpanzer oder Roßstirn

Mähnenpanzer

Pferderüstungen

Diese deutsche Rüstung aus dem späten 15. Jh. bedeckt den Körper des Pferdes fast ganz. Obwohl es diese Rüstungen schon im 14. Jh. gab, konnten sich die meisten Ritter doch nur einen Schutz für den Kopf oder vielleicht für Kopf, Brust und Hals ihres Pferdes leisten. Aber auch bei der besten Panzerung gab es immer noch verwundbare Stellen, vor allem Beine und Bauch.

Kruppenpanzer

Kandarengebiß mit Zugstange

Brustgeschirr

Hochgeschwungene, eisengeschützte Sattelbögen

Langer Steigbügel, in dem der Ritter beinahe steht

Knappen und Gefolgsleute ritten kräftige, aber weniger edle Pferde; für die Diener gab es nur Gäule.

Gepäck wurde über den Rücken von Pack- und Saumpferden oder Maultieren gehängt; große Stücke beförderte man auf Karren.

Rund um die Pferde

Ein Ritter mußte sich im Kampf oder durch eine Heldentat »seine Sporen verdienen«.

Viele Ritter benutzten Kandarengebisse, um ihre Pferde besser im Griff zu haben. Diese hatten lange Zugstangen vom Maul zu den Zügeln, über die beträchtlicher Druck ausgeübt werden konnte.

Die Pferderüstung oben wog etwa 30 Kilo.

Winde

drehbare »Nuß«

Steigbügel

Diese Armbrust aus dem 15. Jh. hat einen starken Stahlbogen. Der Armbruster zog die Sehne über eine drehbare »Nuß« mechanisch zurück, indem er den Fuß in den Steigbügel setzte und über einen Spannhebel die Rückwinde betätigte. Armbrüste verschossen kurze, dicke Pfeile, sogenannte Bolzen. Die frühen Holzbolzen wurden später durch bessere Bolzen aus Holz, Horn und Sehnen ersetzt, die zum Abschuß jeweils unterschiedliche Mechanismen erforderten.

GEFOLGSLEUTE

Ein Ritter hatte nicht nur seine Knappen und Pagen um sich, sondern häufig auch ganze Gruppen von Gefolgsleuten. Die Größe dieser Gruppen wechselte von Jahrhundert zu Jahrhundert und von Land zu Land. In England bildeten ein Ritter und seine Gefolgschaft eine sogenannte »Lanze«. Mehrere »Lanzen« wurden zu einer Einheit zusammengefaßt, die unter dem Befehl eines Ritters stand und sein Banner führte, eine quadratische oder rechteckige Standarte mit seinem Wappenzeichen. Mehrere solche Bannereinheiten wiederum bildeten eine militärische Formation, eine Art Division, im Heer. Die »Lanze« unten ist nach Dokumenten Karls des Kühnen, dem Herzog von Burgund, aus den Jahren 1471 bis 1473 beschrieben. Der Ritter trägt eine volle Rüstung mit dem Roten Kreuz von Burgund und mit je einem Federbusch auf Helm und Pferdestirn. Zur Seite hat er einen berittenen Pagen und einen mit Speer, Schwert und Dolch bewaffneten Gefolgsmann. Dann kommen drei berittene Bogenschützen, jeder mit 30 Pfeilen, einem beidhändigen Schwert und einem Dolch. Zu Fuß kämpfen schließlich ein Armbruster, ein Mann mit einer Handfeuerwaffe und ein Pikenier.

Die berittenen Bogenschützen und der Armbruster aus der unten abgebildeten burgundischen »Lanze« tragen Brigandinen, Wämser, die innen mit kleinen Stahlplatten besetzt sind.

Bogenschützen

Beim englischen Langbogen (12. Jh.) konnte der Schütze die Sehne fast bis an sein Ohr zurückziehen und seinen Pfeil bis zu 300 Meter weit schießen. Seit dem frühen 14. Jh. waren englische und walisische Bogenschützen weithin gefürchtet. Der mannshohe Langbogen war oft aus Eibenholz; die Pfeile befiedert oder dicht mit Gänsefedern besetzt. Viele Armbrüste wurden mechanisch gespannt; dadurch wurde die Sehne bis zum Abschuß an ihrem Platz gehalten. Auf einen Armbrustbolzen kamen zeitlich bis zu 12 Pfeile eines Bogenschützen.

Das Gewehr

Erste Gewehre gab es schon im 14. Jh. Dieses Exemplar aus dem späten 15. Jh. hat einen eisernen Lauf, in den man eine Ladung Schießpulver schüttete. Sie wurde mit einem metallenen Ladestock nach hinten geschoben. Dann steckte man eine Bleikugel hinein und stopfte einen Stoffetzen nach. Ein heißer Draht oder eine glimmende Lunte am Zündloch lösten schließlich den Schuß aus.

Pfeilspitzen hatten sehr verschiedene Formen; sie reichten von haarfeinen Nadelspitzen, mit denen man eine Rüstung durchbohren konnte (zweite von oben), bis zu wahren Breitköpfen, die die Pferde schwer verletzen sollten (dritte von oben).

DIE BELAGERUNG

Wenn ein Eroberer eine Burg einnehmen wollte, mußte er sie belagern. Die Belagerungsarmee schlug vor den Burgmauern ein Lager auf, um zu verhindern, daß jemand die Burg verließ oder daß Lebensmittel hineingeschafft wurden. Wenn sie rechtzeitig gewarnt wurden, konnten sich die Verteidiger aber mit Vorräten in der Burg einrichten; nicht selten gewährten sie auch den Dorfleuten dort Zuflucht. Meist schlossen die Angreifer den Belagerungsring um die Burg und begannen, die Burgleute auszuhungern. Manchmal wurden Gefangene im Angesicht der Verteidiger gefoltert oder hingerichtet, um diese einzuschüchtern. Wenn das nichts half, ging man zum direkten Angriff über. Entweder versuchte man, über die Verteidigungsanlagen hinweg in die Burg zu gelangen, trieb Stollengänge unter die Mauern oder setzte Belagerungsgerät ein, um Breschen zu legen. Hatten sie eine Burg besiegt, plünderten die Angreifer sie und machten alles nieder.

Belagerungen kosteten oft viele Menschenleben, Zeit und Geld; aber wenn ein Eindringling bei seinem Vormarsch die Burgen nicht ausräumte, blieben seine Nachschublinien bedroht.

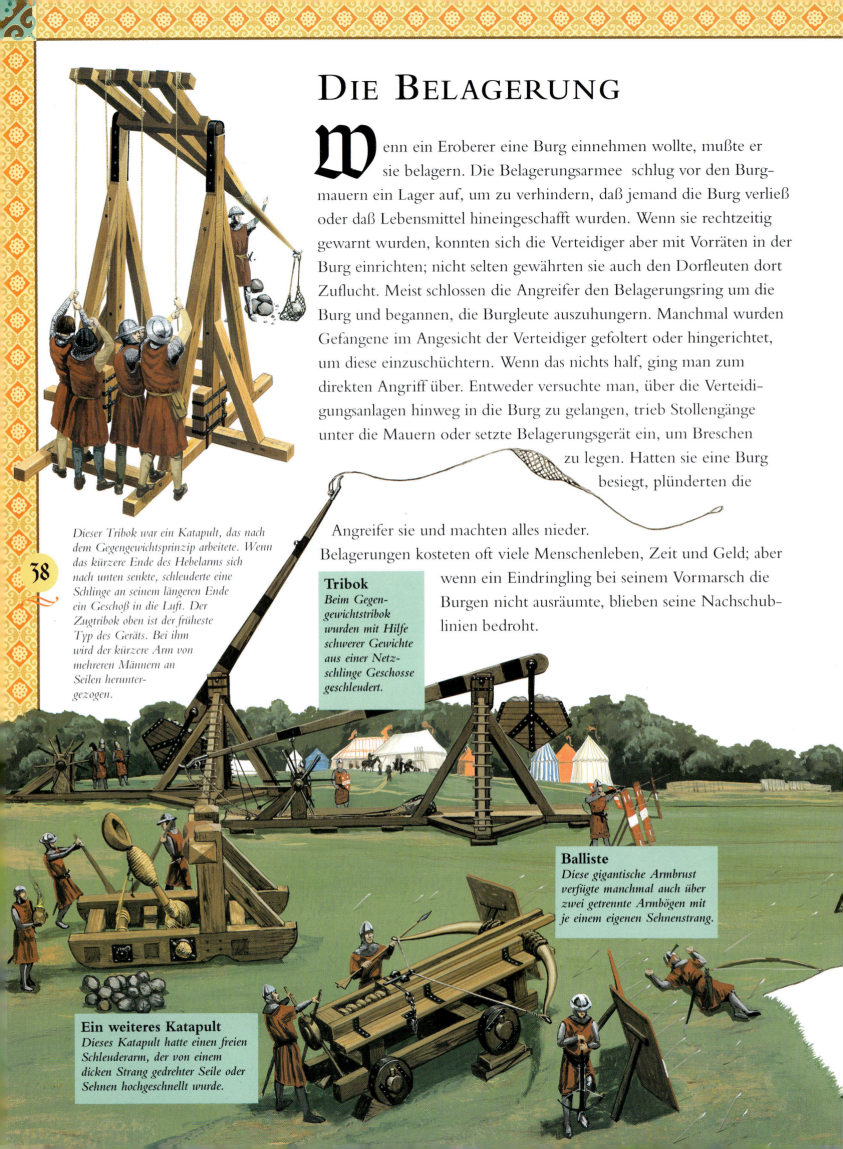

Dieser Tribok war ein Katapult, das nach dem Gegengewichtsprinzip arbeitete. Wenn das kürzere Ende des Hebelarms sich nach unten senkte, schleuderte eine Schlinge an seinem längeren Ende ein Geschoß in die Luft. Der Zugtribok oben ist der früheste Typ des Geräts. Bei ihm wird der kürzere Arm von mehreren Männern an Seilen heruntergezogen.

Tribok
Beim Gegengewichtstribok wurden mit Hilfe schwerer Gewichte aus einer Netzschlinge Geschosse geschleudert.

Balliste
Diese gigantische Armbrust verfügte manchmal auch über zwei getrennte Armbögen mit je einem eigenen Sehnenstrang.

Ein weiteres Katapult
Dieses Katapult hatte einen freien Schleuderarm, der von einem dicken Strang gedrehter Seile oder Sehnen hochgeschnellt wurde.

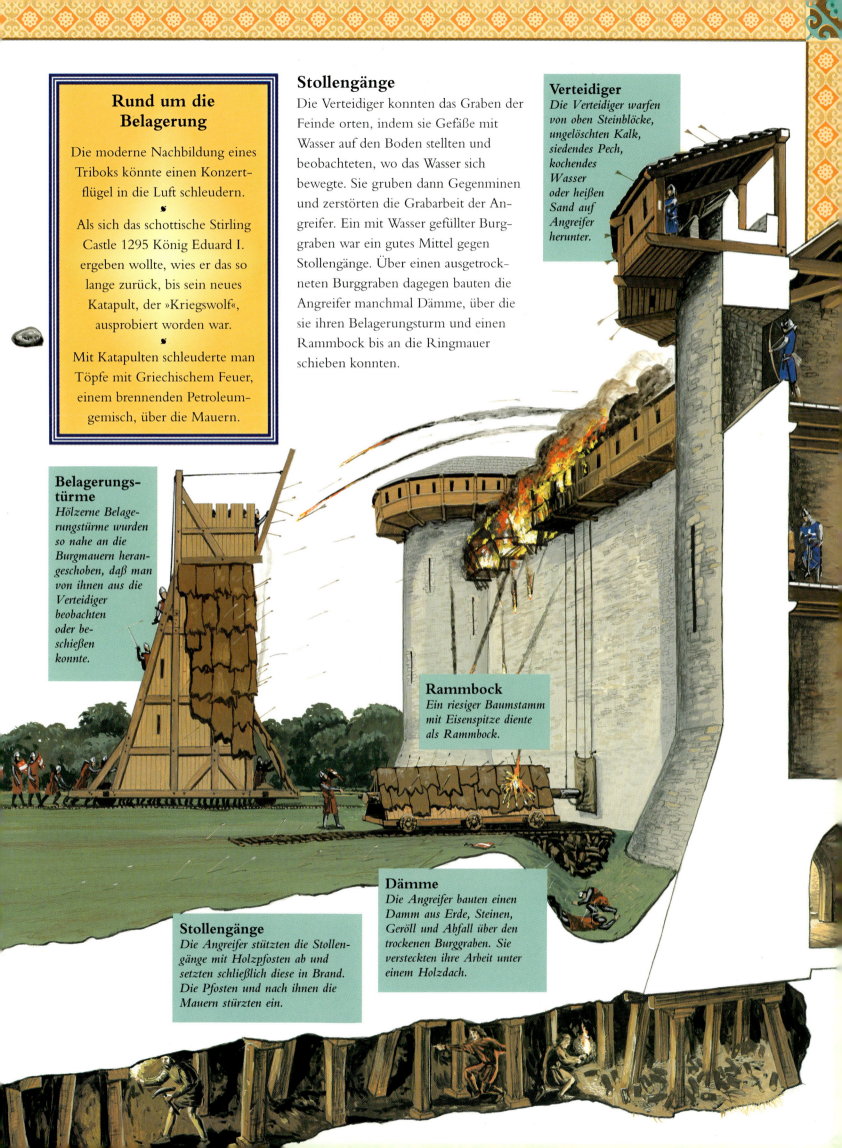

Rund um die Belagerung

Die moderne Nachbildung eines Triboks könnte einen Konzertflügel in die Luft schleudern.

Als sich das schottische Stirling Castle 1295 König Eduard I. ergeben wollte, wies er das so lange zurück, bis sein neues Katapult, der »Kriegswolf«, ausprobiert worden war.

Mit Katapulten schleuderte man Töpfe mit Griechischem Feuer, einem brennenden Petroleumgemisch, über die Mauern.

Stollengänge

Die Verteidiger konnten das Graben der Feinde orten, indem sie Gefäße mit Wasser auf den Boden stellten und beobachteten, wo das Wasser sich bewegte. Sie gruben dann Gegenminen und zerstörten die Grabarbeit der Angreifer. Ein mit Wasser gefüllter Burggraben war ein gutes Mittel gegen Stollengänge. Über einen ausgetrockneten Burggraben dagegen bauten die Angreifer manchmal Dämme, über die sie ihren Belagerungsturm und einen Rammbock bis an die Ringmauer schieben konnten.

Verteidiger
Die Verteidiger warfen von oben Steinblöcke, ungelöschten Kalk, siedendes Pech, kochendes Wasser oder heißen Sand auf Angreifer herunter.

Belagerungstürme
Hölzerne Belagerungstürme wurden so nahe an die Burgmauern herangeschoben, daß man von ihnen aus die Verteidiger beobachten oder beschießen konnte.

Rammbock
Ein riesiger Baumstamm mit Eisenspitze diente als Rammbock.

Dämme
Die Angreifer bauten einen Damm aus Erde, Steinen, Geröll und Abfall über den trockenen Burggraben. Sie versteckten ihre Arbeit unter einem Holzdach.

Stollengänge
Die Angreifer stützten die Stollengänge mit Holzpfosten ab und setzten schließlich diese in Brand. Die Pfosten und nach ihnen die Mauern stürzten ein.

DIE SCHLACHT

Anstatt sich dem Risiko einer Schlacht zu stellen, in dem der Unterlegene womöglich sein Königreich verlieren konnte, zog ein Eroberer es meistens vor, in das gegnerische Gebiet einzufallen, die Ernte zu rauben oder zu verbrennen und die Bauern des feindlichen Feudalherren umzubringen. Damit ruinierte er zugleich dessen Nachschub und dessen Ruf als Schutzherr seiner Leute. Umgekehrt konnte der andere den Feind beschatten lassen und ihn so daran hindern, auszuschwärmen und das Land für seine eigene Versorgung auszuplündern. War eine Schlacht dennoch unvermeidbar, so sahen sich die Befehlshaber nach Wäldern, Büschen und Flüssen zur Deckung ihrer Leute um. Ein Ritter war dem Herrn, der ihn unterhielt oder ihm Land gab, zur Gefolgschaft verpflichtet. Seit dem 14. Jh. schlossen die Ritter oft auch eigene Dienstverträge ab und kämpften dann als Söldner für den, der sie bezahlte. Zu einem Heer gehörten Bogenschützen, Armbruster, Speerkämpfer und sogar schon Leute mit Gewehren. Auf dem Bild unten legen Ritter die Lanzen ein und spornen die Pferde zum Angriff in geschlossener Formation. Sie ritten beinah Knie an Knie und brachen herein wie eine Dampfwalze.

Das quadratische Banner des Herzogs von Burgund (15. Jh.) zeigt, daß er ein Bannerherr ist und andere Ritter befehligt. Es trägt sein Wappen und zeigt seine Position auf dem Schlachtfeld an. Die lange Standarte zeigt seinen Wahlspruch »Esperance« (Hoffnung). So ein Motto diente oft auch als Schlachtruf.

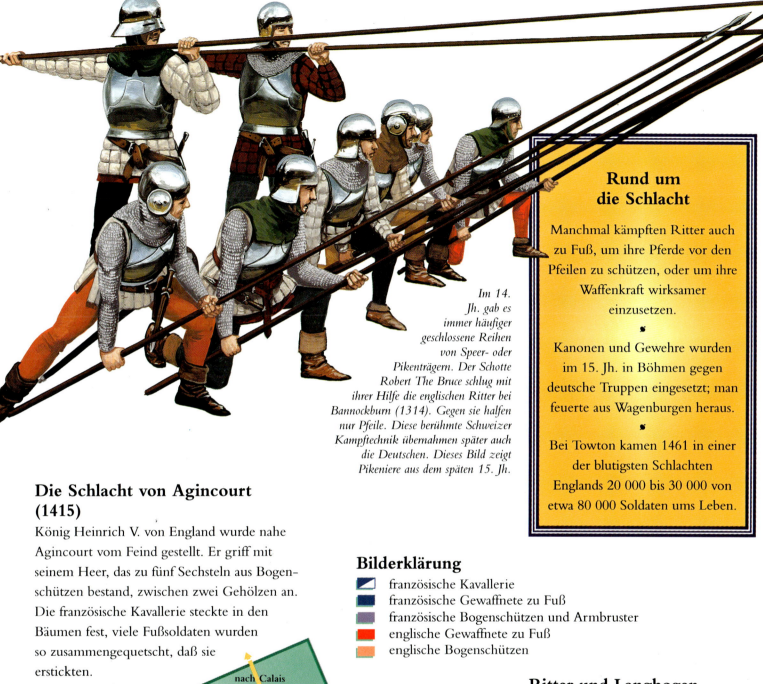

Im 14. Jh. gab es immer häufiger geschlossene Reihen von Speer- oder Pikenträgern. Der Schotte Robert The Bruce schlug mit ihrer Hilfe die englischen Ritter bei Bannockburn (1314). Gegen sie halfen nur Pfeile. Diese berühmte Schweizer Kampftechnik übernahmen später auch die Deutschen. Dieses Bild zeigt Pikeniere aus dem späten 15. Jh.

Rund um die Schlacht

Manchmal kämpften Ritter auch zu Fuß, um ihre Pferde vor den Pfeilen zu schützen, oder um ihre Waffenkraft wirksamer einzusetzen.

Kanonen und Gewehre wurden im 15. Jh. in Böhmen gegen deutsche Truppen eingesetzt; man feuerte aus Wagenburgen heraus.

Bei Towton kamen 1461 in einer der blutigsten Schlachten Englands 20 000 bis 30 000 von etwa 80 000 Soldaten ums Leben.

Die Schlacht von Agincourt (1415)

König Heinrich V. von England wurde nahe Agincourt vom Feind gestellt. Er griff mit seinem Heer, das zu fünf Sechsteln aus Bogenschützen bestand, zwischen zwei Gehölzen an. Die französische Kavallerie steckte in den Bäumen fest, viele Fußsoldaten wurden so zusammengequetscht, daß sie erstickten.

Bilderklärung

- französische Kavallerie
- französische Gewaffnete zu Fuß
- französische Bogenschützen und Armbruster
- englische Gewaffnete zu Fuß
- englische Bogenschützen

Ritter und Langbogen

Im 14. Jh. waren in englischen Heeren oft große Bogenschützenkontingente mit Rittern zu Fuß vereinigt. Die Geschoßdichte von bis zu 15 Pfeilen pro Minute tötete oder verwundete viele Pferde eines berittenen Gegners, demoralisierte aber auch jeden Fußangriff. Der Gegner mußte dazu in einer guten Verteidigungsposition erwartet werden. Manchmal führten die Langbogenschützen scharfe Pfähle für eine Art spitzen Abwehrzaun mit. Auf dem Kontinent war die Armbrust beliebter als in England.

DAS TURNIER

Das Turnier kam wahrscheinlich im 11. Jh. auf – als Training für Kampf und Schlacht. Zwei mit Lanzen bewaffnete Ritterverbände griffen einander auf einem großen Feld an, das meist zwischen zwei Dörfern lag. Wenn die Lanzen gesplittert waren, kämpften die Ritter bis Sonnenuntergang mit dem Schwert weiter. Ritter, die eine Pause brauchten, fanden Schutz in besonderen Zonen oder hinter den Schilden der Fußkämpfer. Von Ritterlichkeit war dabei freilich noch kaum die Rede. Die Ritter rotteten sich gegeneinander zusammen und machten auch Gefangene. Besiegte Ritter mußten Pferd und Rüstung hergeben oder Lösegeld zahlen. Dieser Gruppenkampf hielt sich fast unverändert bis ins 13. Jh.; dann kamen allmählich stumpfe Waffen auf. Das Turnierfeld wurde kleiner, Kämpfe ließen sich leichter richten. Die Ritter entschieden sich immer häufiger für Einzelkämpfe mit Lanzen, die man Tjost nannte; aber der Gruppenkampf, das Turnei, blieb doch ein großes Schauspiel. Bei einer lockereren Kampfart, dem Buhurt, wurden stets stumpfe Waffen wie Schwerter aus Walknochen benutzt, und die Ritter trugen eine leichtere Rüstung. Im 15. Jh. wurden in Deutschland, Flandern, Hennegau und Teilen Frankreichs auch Stockturniere ausgetragen. Dabei wurden nur der Baston, eine Art Keule, und stumpfe Schwerter verwendet.

Beim Stockturnier trug der Ritter einen Helm mit Visiergitter, der oft nur aus gehärtetem Leder war. Die Helmzier aus Leder und ein Helmtuch wurden auf einem Stachel aufgesteckt.

Ritter trugen gerne Rüstungen mit Lüftungslöchern; sie waren auch leichter. Die Linien entlang dieser Armzeuge sind Stöcke, die manchmal zur Verstärkung eingezogen wurden.

Ein stumpfes Schwert (oben) und eine Keule (unten) waren die einzigen Waffen im Stockturnier.

Zeremoniell und Prachtentfaltung

Verschiedene Formen von Turnieren gab es immer und überall. 1449 dauerte ein Turnier einmal ein Jahr lang; nur vier Waffengänge im Monat waren erlaubt. Der Pas d'Armes des 15. Jh. war eine Sonderform: Ein oder mehrere Ritter kündigten an, sie würden ein bestimmtes Areal gegen alle Herausforderer halten. 1446 wurden beim »Waffengang der Schäferin« richtige Schafe in der Arena gehalten. Ein symbolischer »Baum des Rittertums« zierte viele Turniere. Entweder man hängte an ihn die Schilde aller Teilnehmer oder es wurden wie hier durch bunte Schilde die verschiedenen Kampfarten – Turnei, Tjost, Fußkampf – angezeigt. Wer eine Herausforderung annehmen wollte, berührte den betreffenden Schild und wählte damit die Kampfart. Die Anzahl der Schläge war genau festgelegt. Der Turniergrund konnte bis zu zwanzigmal so groß wie ein Fußballfeld sein. Für Edelleute, Damen und Schiedsrichter gab es Tribünen. Könige und Hochadel, die das Turnier ursprünglich als gefährliches Treffen von Bewaffneten betrachtet hatten, wetteiferten bald um die Ausrichtung prächtiger Spiele. Auch die Kirche gab ihre Versuche, Turniere zu verbieten, bald auf, zumal es immer weniger tödliche Unfälle gab.

In diesem Turnei (um 1495) tragen die Ritter verstärkte Rüstungsteile, die nach dem Brechen der Lanzen abgelegt werden mußten. Gefolgsleute stehen innerhalb der Doppelschranken bereit; sie nehmen sich ihrer Ritter an, wenn diese stürzen oder verwundet werden.

Die Tjost

Um 1250 wurde der ritterliche Zweikampf, die Tjost, immer beliebter. Anfangs hatten die Ritter dabei dieselben scharfen Lanzen geführt wie im Krieg. In dieser ursprünglichen Form des Zweikampfs, der kriegerischen Tjost, ging es für beide Streiter darum, ihre Geschicklichkeit und ihren Mut zu beweisen, indem sie den Gegner aus dem Sattel hoben. Aber man wollte den anderen nicht töten – es sei denn, es handelte sich um einen gerichtlichen Zweikampf, in dem Rechts- und Ehrenfragen ausgetragen wurden. Die scharfen Tjoste waren dennoch sehr gefährlich, und deshalb hatte sich bis etwa 1250 eine andere Form des Zweikampfes durchgesetzt: die höfisch geregelte oder leichte Tjost. Sie wurde mit stumpfen Lanzen ausgefochten oder mit Lanzen, bei denen die scharfe Spitze durch einen kronenförmigen Aufsatz ersetzt war, der den Stoß auffing und milderte. Es kam darauf an, den Gegner mit der vollen Wucht eines Lanzenstoßes zu treffen. Dabei konnte man entweder auf den Schild, die Brust oder den Helm zielen. Manchmal stießen die Ritter auch zusammen oder verfehlten einander, weil ihre Pferde keinen geraden Kurs halten konnten. Deshalb wurde zu Beginn des 15. Jh. die hölzerne Turnierschranke eingeführt. Jetzt konnten die Ritter auf einer festen Rennstrecke angreifen. Der ritterliche Zweikampf blieb bis ins 17. Jh. populär, danach verschwanden die Ritterrüstungen auch von den Schlachtfeldern.

Froschmaul-Stechhelm für die leichte Tjost (15. Jh.)

Froschmaul-Stechhelm
Durch diesen Helm konnte der Ritter nur sehen, wenn er sich vorbeugte. Vor dem Aufeinandertreffen hielten sich die Ritter gerade, um ihre Augen vor der gegnerischen Lanze zu schützen. Der Helm war oft aufwendig geschmückt und innen mit einem Stoffutter gepolstert.

Ellbogenkachel mit hochgezogenem Panzerhandschuh zur Abwehr von Stößen

Auflage für das Lanzenende

Freiliegende Hand, von der Brechscheibe geschützt

Lanzenhalterung (Rüsthaken) zum Auffangen eines Rückstoßes

Zielpunkte

Der Schild
Der dicke Holzschild hatte zwei Löcher, so daß er mit der Brustplatte verknüpft werden konnte. Seine Oberfläche war oft mit Leinen bespannt oder bunt bemalt.

Verstärkung des Brustschutzes

Scharnier der Brustpanzerung

»Manifer« (Handhalterung)

Mögliche Unglücksfälle
Ehe die Turnierschranken aufkamen, konnten die Ritter sich die Knie brechen, wenn sie zu dicht aneinander vorbeipreschten. Als 1467 die Pferde nach dem Aufprall zusammenbrachen und starben, wurde Lord Senley beschuldigt, eine mit Stacheln besetzte Rüstung für seine Pferde verwendet zu haben.

Für höfische Zweikämpfe gab es eigene Rüstungen, die besonders auf der linken Seite verstärkt waren, wo der gegnerische Stoß aufgefangen werden mußte. Der Sicherheit halber waren diese Rüstungen aus dickerem Stahl als Kriegsrüstungen. Die deutsche Rüstung links (um 1500) hat keinen Beinschutz, da dieser über den Sattel durch Seitenschienen gewährleistet wird. Der Froschmaul-Stechhelm ist weit über Brust und Rücken gezogen und dort befestigt, damit der Kopf nicht bei einem Lanzenstoß zurückgeschleudert wird. Zügelhand und linker Unterarm werden von einer festen, noch über dem Panzerhandschuh getragenen Handberg, dem »Manifer«, gestützt und geschützt.

Lanze   Brechscheibe

»Turnierkrönlein«

Rund um die Tjost

Die Ritter trugen beim Zweikampf oft Gunstbezeigungen ihrer Damen, wie Schärpen, Schleier oder Ärmel.

Manchmal traten auch »Unbekannte Ritter« ohne heraldische Kennzeichnung auf.

Kämpfende Ritter konnten mit einer Gesamtgeschwindigkeit von mehr als 90 Stundenkilometern aufeinanderprallen.

Lanzen wurden nachgemessen, damit niemand eine längere Lanze führte als sein Gegner.

Der Kampf zu Fuss

Wenn ein Ritter, der in einer Tjost aus dem Sattel geflogen war, weiterkämpfen wollte, saß sein Gegner ebenfalls ab, und beide stritten mit dem Schwert weiter. Auch auf dem Schlachtfeld kämpften Ritter zunehmend zu Fuß. Seit etwa 1350 war das eine Kampfart mit eigenen Regeln, meist ein Teil des Turniers. Der Kampf zu Fuß war fast immer ein Zweikampf, entweder zwischen Rittern oder zwischen Knappen. Für den Kampf wurde der Platz mit festen Holzschranken umgeben und der Boden dick mit Sand bedeckt. Aber wer nun meinte, daß es für den Sieg nur auf Kraft ankam, hatte sich getäuscht; viel wichtiger waren Geschicklichkeit und Schnelligkeit. Im 15. Jh. pflegten die Kämpfer beim Betreten der Arena einen Luftsprung zu machen, um zu zeigen, daß die Rüstung sie überhaupt nicht beschwere. Sie wollten damit natürlich auch ihre Gegner entmutigen. Ein Fußkampf war ein Wettstreit – nicht zu vergleichen mit dem gerichtlichen Zweikampf innerhalb zweier Schranken, bei dem Männer zur Entscheidung eines Rechtsstreits auf Leben und Tod kämpften.

Diese große Beckenhaube aus dem 15. Jh. war ursprünglich ein Kriegshelm; da aber der Plattenschutz von Nacken und Hals das Drehen des Kopfes erschwerte, kam er allmählich außer Gebrauch. Für den Fußkampf im Turnier mit seinen festeren Regeln jedoch war er den Rittern als Schutz willkommen.

Tjoste, Fuß- und andere Einzelkämpfe entsprangen meist einer schriftlichen Forderung zwischen Rittern. Hier überbringt der Herold von Lord Scales einen solchen Brief an den Bastard von Burgund (1465). Manchmal trug ein Ritter einen bestimmten Gegenstand, etwa ein Hosenband oder ein Stück Rüstung, so lange, bis jemand seine Herausforderung annahm. Er mußte diesen Kampf gewinnen, ehe er den betreffenden Gegenstand ablegen durfte.

Diese italienische Rüstung aus dem späten 15. Jh. ist ein eigens für Fußkämpfe gefertigter Typ. Die große Beckenhaube mit Luftschlitzvisier und der lange Panzerrock sind dafür kennzeichnend. Rüsthaken für die Lanze werden nicht mehr gebraucht, die rechte Schulterkachel muß nicht zurückgeschnitten werden.

Das Axteisen war eine beliebte Waffe, obwohl es schwere Verletzungen hervorrief.

Zwischen den Schranken

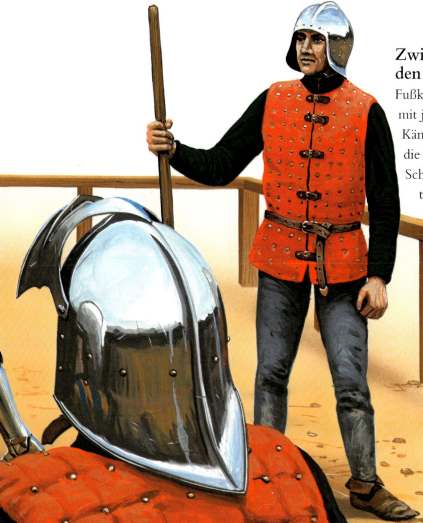

Fußkämpfe begannen oft mit je einem Speerwurf der Kämpfer; zu Beginn trugen die Ritter deshalb oft einen Schild an der linken Schulter. Sobald die Speere verschossen waren, warf man die Schilde weg; sie waren nun nur hinderlich. Hier greifen sich zwei Kämpfer mit Axteisen an. Benutzt wurden auch: Schwerter, Dolche, Äxte, Flegel, Streitkolben, Hellebarden und Piken. Über die Kampfform einigte man sich vorher genau, bis hin zur Zahl der auszuteilenden Schläge, die während des Kampfes sorgfältig notiert wurden. Am Ende entschied ein Schiedsrichter, welcher Ritter die schönsten Schläge geführt hatte. Gewaffnete standen im Kampfring und trennten die Kämpfer mit hölzernen Stäben, wenn sie aneinandergerieten. Einmal, so wird berichtet, hielt ein Herold ein Seilende mit sieben Knoten in Abständen von 75 Zentimetern bereit. Das entsprach der Anzahl von Schritten, die die Streiter zurücktreten mußten, ehe der Kampf weitergehen konnte.

DIE KREUZZÜGE

Als Kreuzzug galt ein Unternehmen zum Schutz der Christenheit oder zur Rückgewinnung christlichen Besitzes. Der erste große Kreuzzug wurde 1095 von Papst Urban II. ausgerufen, denn der Kaiser von Byzanz, d.h., dem Gebiet vom heutigen Istanbul bis nach Griechenland, erbat Hilfe gegen die muslimischen Türken. Ein großes westeuropäisches Heer eroberte 1099 Jerusalem. Im Heiligen Land wurden Kreuzritterstaaten gegründet, doch die Kämpfer selbst zogen wieder heim. Die Muslime rückten nun enger zusammen und eroberten schließlich Jerusalem zurück. Es gab sechs weitere große Kreuzzüge, aber alle scheiterten. Doch selbst bei einem Erfolg hätten die Christen Jerusalem mit den geringen Kräften vor Ort nicht halten können. 1291 waren die Europäer endgültig aus dem Heiligen Land verdrängt. Kreuzzüge gab es aber auch anderswo: in Spanien gegen die arabischen Mauren, in Osteuropa gegen heidnische Slawen und sogar in Frankreich gegen Ketzer, die sich der Papstkirche entzogen.

Spanische Burgen wie Coca (oben) waren oft von maurischem Stil beeinflußt. Im Heiligen Land bauten die Kreuzfahrer muslimische und byzantinische Festungen aus, die oft durch Berge, Felsen oder Wasser von drei Seiten geschützt waren.

Dieser berittene Bogenschütze des 12. Jh. trägt einen Lamellenpanzer aus kleinen Metallstreifen. Sein Bogen aus Horn, Holz und Sehnen ist an den Enden hochgeschwungen; das gab mehr Kraft.

Muslimische Heere

Die muslimischen Gegner aus verschiedenen Regionen Asiens wurden erst unter dem großen Sultan Saladin durch ihren Zusammenhalt eine wirkliche Gefahr. Ihre berittenen Bogenschützen überwältigten die Kreuzritter, ehe es zum Nahkampf kam, oder sie verloren durch die Pfeile ihre kostbaren Schlachtrosse. Das Bild gegenüber zeigt Richard I. (von England) in der Schlacht von Arsuf 1191 während des dritten Kreuzzugs. Der König läßt seine Ritter im Schutz einer wandernden Mauer aus Schild- und Speerträgern vorrücken, während Bogen- und Armbrustschützen auf Saladins Bogenreiter zielen. Richard wollte damit einen Angriff seiner Kavallerie aus größerer Nähe erzwingen. Unglücklicherweise schwärmten die Ritter am Ende der Angriffslinie schon vor dem Trompetensignal aus. Trotz seines Erfolges erkannte Richard die Gefährdung seiner Nachschublinien und entschloß sich zu einem Vertrag mit Saladin, der für seine Ritterlichkeit berühmt war.

Rund um die Kreuzzüge

Zwischen 1095 und 1270 gab es sieben große Kreuzzüge.

Der Kinderkreuzzug von 1212 bestand aus Bauern und vielen Kindern aus Nordeuropa. Er kam nicht weiter als bis nach Rom.

Im vierten Kreuzzug (1204) wurde das christliche Konstantinopel angegriffen und so schwer geschädigt, daß es 1453 eine leichte Beute der Türken wurde.

Mönchskrieger

Diese Ritter aus dem 13. Jh. sind Mönche, und sie gehören den drei großen Schwertorden an. Der mittlere ist ein Tempelherr (nach dem Tempel in Jerusalem); rechts steht ein Johanniter und links ein Deutschordensritter. Diese Orden wurden im 12. Jh. gegründet. Nach dem Verlust des Heiligen Landes (1291) wurde der mächtige Templerorden aufgelöst, während die Johanniter im Mittelmeerraum weiterkämpften und der Deutsche Orden seinen Schwerpunkt in den Osten Europas verlegte.

49

DIE JAGD

Die Jagd sorgte für Wildbret auf der Burgtafel und war außerdem ein sehr beliebter Sport. Sie bot den Rittern Gelegenheit, ihre Reitkünste zu üben und die Pferde in Bewegung zu halten. Die meisten Ritter hielten sich extra Jagdpferde, und für manche von ihnen war die Jagd eine große Leidenschaft. Nur hier benutzten sie noch Pfeil und Bogen. Eigens ausgebildete Jagdhunde wurden am Morgen des Jagdtages losgeschickt, um die Fährte der Beute aufzunehmen. Die Ritter jagten das Hochwild entweder zu Pferde, oder sie warteten in Deckung mit dem Bogen, bis die Treiber ihnen das Wild zutrieben. König Wilhelm der Eroberer erklärte große Waldgebiete zum Bannwald für seinen persönlichen Bedarf. Waldhüter kümmerten sich um die Forste und um die Tiere, die zur Jagd ausgewählt worden waren. Bauern, die beim Wildern im königlichen Bannwald erwischt wurden, konnten eine Hand verlieren oder sogar hingerichtet werden. Den Hunden aus den Dörfern in der Umgebung mußten die Klauen der Vorderpfoten abgeschnitten werden, damit sie sich nicht an königlichem Getier vergreifen konnten. Edelleute mußten selbst dann um Jagderlaubnis nachsuchen, wenn das Jagdrevier des Königs Teile ihres eigenen Besitzes einschloß.

Welche Art Jagdfalken man halten durfte, hing von der gesellschaftlichen Stellung des Besitzers ab. Im frühen 15. Jh. schrieb eine Dame, einem Ritter komme der große Sakerfalke, einem Knappen aber der kleinere Lannerfalke zu. Der Falkner hier trägt einen Lederhandschuh, um seine Hand vor den scharfen Krallen zu schützen. Eine am Geschüh des Falken befestigte Beinfessel hindert ihn am Fortfliegen. Die Haube hält ihn ruhig; sie wird erst vor dem Flug abgenommen.

Jagdspieß zur Eberjagd

breitköpfige Speerspitze

stumpfer Aufsatz

Der Jagdspieß hatte Halterungshaken, damit das Wild nicht auf den Speer rutschte. Eine Breitkopfspitze war mit langen Widerhaken versehen, die das Herausrutschen verhinderten. Der stumpfe Aufsatz wurde zum Betäuben größerer Vögel verwendet.

Ein gereizter wilder Eber ist ein gefährliches Tier. Die Ritter sahen es deshalb als eine große Herausforderung an, einen Eber zu Fuß mit dem Jagdspieß anzugreifen. Hier hat ein starker Jagdhund, ein Alaunt, einen Eber gestellt. Er trägt eine Decke aus Eisen zum Schutz vor den scharfen Hauern.

Hier lauert ein Jäger hinter einem »Strohpferd«, einem Holzgerüst, das mit buntem Stoff bedeckt ist. Es diente beim Anpirschen an die Beute als Deckung.

Die Jagdgesellschaft

Adlige Damen und Herren aus dem 15. Jh. reiten zur Falkenbeize. Die Jagd mit Falken galt als eleganter als die Hetzjagd zu Pferde.

Manche Leute hielten ihren Lieblingsfalken sogar in ihrem Zimmer; aber die meisten Beizvögel wurden in langen, hölzernen Vogelgehegen untergebracht.

Der Spürhund (oben) nahm die Fährte des Wildes auf und verfolgte sie. Der Windhund (Mitte) diente zur Hetzjagd, mit dem Spaniel jagte man Vögel.

Ein Hundezwinger aus dem 15. Jahrhundert

Jagdhunde wurden auf dem Burghof in Hundezwingern gehalten. In einem Teil des Zwingers war Stroh und ein Lager, auf dem ein junger Hundewärter schlafen konnte; in einem anderen Teil eine Gelegenheit zum Wasserlassen. Die Hunde wurden hoch geschätzt, und wenn sie krank oder verletzt waren, erhielten sie eine eigene Pflege.

Mahlzeiten und Bankette

Die Mahlzeiten in einer mittelalterlichen Burg waren ganz anders als heute. Zum Frühstück gab es Brot, das mit Bier oder verdünntem Wein heruntergespült wurde. Mittagessenszeit war um zehn oder elf Uhr vormittags, Abendessen gab es zwischen vier und sechs Uhr nachmittags. Manche Leute aßen dann später am Abend noch einmal; dabei gab es viel zu trinken, manchmal bis in die Morgenstunden. Das hier gezeigte Bankett aus dem 14. Jh. fand sicher zu einem wichtigen Ereignis statt. Bei besonderen Anlässen speiste man gemeinsam, und zwar mit viel Essen, Trinken und Unterhaltung; denn Gastfreundschaft wurde hoch geschätzt. Gastgeber und Gäste saßen auf einem erhöhten Podest am Herrentisch. Für die Vornehmen gab es Stühle, für alle anderen Hocker und Bänke. Die Tischplatten lagen auf Böcken, die zum Schlafen schnell weggeräumt werden konnten. Den Reichen brachten Pagen zum Händewaschen Wasserkrüge, Schalen und Tücher, für weniger wichtige Leute gab es dazu Metallbecken neben der Tür. Große Brotfladen dienten als Teller und Tranchierbretter zugleich. Sie sogen den Bratensaft auf, und was von ihnen übrigblieb, bekamen die Armen am Burgtor. Nur Reiche hatten richtige Teller aus Zinn, Silber oder Gold. Sie teilten ihr Essen mit niemandem. Ein Messer brachte jeder selbst mit, Gabeln waren rar. Das gebratene Fleisch wurde gleich auf die Brotbretter geschnitten und dann in gemeinsame Soßenschüsseln getunkt. Immer zwei Personen teilten sich eine Schüssel mit dickem Schmorfleisch; jeder fischte sein Fleisch mit den Fingern heraus. Auch dünnere Gerichte, etwa mit Fisch, wurden geteilt; aber für die gab es Löffel. Sogar Wein- und Bierbecher wurden zu zweit benutzt. Das Schloß, das hier so stolz hereingetragen wird, ist eine »Raffinesse«, ein Kunstwerk aus Zucker und Marzipan. Da Zucker jedoch teuer war, nahm man lieber Honig und Früchte.

Dieses von heraldischen Pasteten umrahmte Schwein wurde dem Adel bei einem Fest in Burgund vorgesetzt (15. Jh.). Ein Diner bestand nicht aus einem Fleischgang gefolgt vom Dessert – süße und salzige Speisen wurden gleichzeitig gereicht. Auch die Namen waren anders als heute: ein Pudding konnte ein Auflauf aus Fleisch, Kräutern, Datteln, Ingwer, Essig und Eiern sein; Blancmangé war eine Art Fleisch- oder Fischpastete. Das Essen wurde kräftig gefärbt; gekochte Tiere oder Vögel nähte man wieder in ihr Fell ein, damit sie wie lebendig aussahen.

In der geschäftigten Küche wurde auf offenen Feuern gekocht; dementsprechend heiß war es dort auch. Den Jungen an dem mächtigen Eisenstab, auf dem gerade ganze Schweine braten, nannte man Spießdreher.

Ein Bankett im 14. Jahrhundert

Erster Gang
Sülze, garnierter Eberkopf, junge Schwäne, Kapaune, Fasane, Reiher. Eine Raffinesse.

Zweiter Gang
Rehbraten, Gelee (wahrscheinlich vom Kalbsfuß), Pfau, Kranich, Rohrdommel, gebratener Preßkopf, verschiedene Torten. Eine Raffinesse.

Dritter Gang
Quitten, Sumpfreiher, Brachvögel, Rebhuhn, Wachteln, Schnepfen, Singvögel, Kaninchen, Schmalzkuchen, geeiste Eier. Eine Raffinesse.

DAS RITTERTUM

Ritter zu sein, bedeutete mehr als nur Kämpfen und Jagen – das Ideal des Rittertums stand über allem. Diesem Rittertum lag als Leitfaden ein Code von Verhaltensformen zugrunde, deren Einhaltung von jedem einzelnen Ritter erwartet wurde. Bücher über ritterliches Verhalten verlangten den Schutz der Schwachen, die Verteidigung der Kirche und den Einsatz für bedrängte Frauen. Die ersten Ritter waren rauhe Krieger; ihre liebste Unterhaltung war das Heldenepos, in dem viel Aufregendes über Tapferkeit und Kampfgetümmel vorkam. Das änderte sich im 12. Jh. Die Kirche versuchte, durch Fehdeverbote an bestimmten Tagen das Blutvergießen einzudämmen; sie widersetzte sich auch den scharfen Formen des Turniers. Der Erfolg war gering; aber die Kirche gewann doch allmählich Einfluß auf die Erhebung neuer Ritter. Das Schwert eines Ritters wurde nun auf dem Altar geweiht, und der Ritter versprach, die Kirche zu schützen. Unterdessen dichteten in Südfrankreich die sogenannten Troubadoure Liebeslieder für die Damen an den Höfen der Provence. Im 13. Jh. besangen solche Dichtungen auch Heldentaten, Zauberei und die Liebe geretteter Damen. Berühmt wurde vor allem die Sage von König Artus und den Rittern der Tafelrunde. Jetzt hatte man große Vorbilder vor Augen.

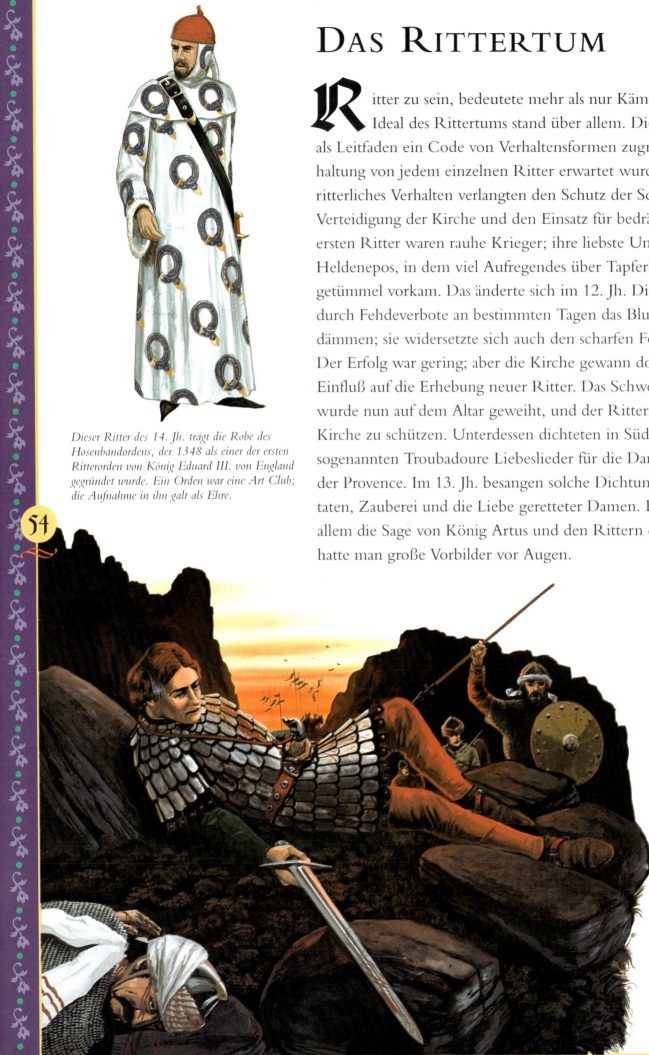

Dieser Ritter des 14. Jh. trägt die Robe des Hosenbandordens, der 1348 als einer der ersten Ritterorden von König Eduard III. von England gegründet wurde. Ein Orden war eine Art Club; die Aufnahme in ihn galt als Ehre.

Das Rolandlied ist ein sehr berühmtes Epos. Es erzählt, wie Roland im Jahre 775 die Nachhut von Kaiser Karls Heer über die Pyrenäen nach Frankreich zurückführte. Im Tal von Roncesvalles wurde er von den Basken der Region und von Sarazenen angegriffen; fast die ganze Nachhut fand den Tod. Das Bild zeigt Roland, nachdem es ihm nicht gelungen ist, sein Schwert zu zerbrechen, damit es nicht in die Hände der Feinde fällt.

Die Ritter der Tafelrunde

Artus war vermutlich ein Anführer der Briten im Kampf gegen die Sachsen im 5. Jh.; aber das Mittelalter sah ihn als Ritter der eigenen Zeit. Geschichten über König Artus und Königin Guinevere, über Lanzelot und den Hof von Camelot, wurden Mottos für gesellschaftliche Treffen, die man »Runde Tische« nannte. Hier erscheint der Heilige Gral, der Abendmahlskelch Christi, über der Tafelrunde. Die Suche nach dem Gral wurde von Galahad, dem reinsten aller Ritter, vollendet.

Rund um das Rittertum

Der Gerichtshof der Liebe war ein fröhliches Gericht, das im 12. Jh. in der Provence Liebesprobleme zu lösen half. Oft von Damen besetzt, konnte es etwa entscheiden, welchem Mann die Liebe einer bestimmten Dame galt.

Einen Ritter im Kampf zu schonen, konnte als ritterlich gelten; aber oft ging es dabei auch um ein Lösegeld.

Heute ist der Ritterschlag eine Ehre, die vom Staatsoberhaupt als Belohnung für Verdienste um das Land verliehen wird.

Ritterliche Schiedshöfe schlichteten im 13. und 14. Jh. Streitigkeiten zwischen Rittern, darunter solche über den Anspruch auf ein bestimmtes Wappenzeichen.

Ein Ritter huldigt seiner Dame

Troubadoure besangen ihre Liebe zu unerreichbar fernen Damen, und diese Lieder gefielen den Frauen am Hof der Königin Eleonore von Aquitanien in Südfrankreich so gut, daß sie sich in ganz Westeuropa verbreiteten. Ritter beteten Damen an, die sie niemals heiraten konnten; das gehörte zum Ritual der höfischen Liebe. Hier kniet ein Ritter vor einer Dame, die seine Hände in der gleichen Weise umfaßt hält wie ein Lehnsherr bei der Entgegennahme des Diensteides. An seinem höfischen Benehmen erkannte man den wahren Ritter.

DIE DAMEN

Einem Ritter lag durchaus am Heiraten, wenn auch nicht immer unbedingt aus Liebe. Eher war er an einer Erbin interessiert, der einmal der Besitz ihres Vaters zufallen würde. Oder auch an einer Witwe; denn die besaß oft selbst Güter. Mindestens aber hoffte ein Ritter auf eine Frau mit reicher Mitgift. Viele Heiraten wurden schon im Kindesalter der Braut geplant. Todesfälle durch Unfall oder Krankheit waren häufig; eine Dame hatte deshalb oft mehrere Ehemänner nacheinander. Wenn der Ritter im Krieg oder zu anderen Pflichten fort war, führte sie die Aufsicht über Burg und Ländereien. Auch eine Belagerung mußte die Burgherrin bisweilen durchstehen. In Friedenszeiten kümmerte sie sich um Vorräte, sorgte für Essen und Trinken, kaufte Tuch und andere Haushaltswaren und sah nach den Gütern. Sie bestimmte die Speisenfolge für Alltag und Feste und mußte eine perfekte Gastgeberin sein, bei Ankunft und Abschied von Gästen stets zur Stelle.

Brettspiele wie Schach und Backgammon wurden von Männern wie Frauen gespielt. Schach hatte damals etwas andere Regeln als heute.

Damen ritten im Damensitz oder im »Sozius«-Sattel hinter einem Mann. Manchmal reisten sie in einer zwischen zwei Pferde geschnallten Sänfte. Dieses prachtvolle Gefährt aus dem späten 14. Jh. war für festliche Anlässe bestimmt. In Karren reiste man sonst kaum, weil auf diese Weise Verurteilte zum Galgen befördert wurden.

Pflichten und Zeitvertreib

Das Bild unten zeigt, wie Damen im frühen 14. Jh. ihre Zeit verbrachten. Die Frauen im Fenstererker stellen eine Stickerei fertig. Eine Näherin prüft den Schnitt eines halbfertigen Kleides. Modische Kleidung war damals so wichtig wie heute. Die Dame gegenüber arbeitet mit Wolle am Spinnrocken. Eine Dienerin kämmt Wolle und befreit sie von Unreinheiten. Einige Edeldamen waren hochgebildet; sie sprachen und lasen Latein und andere Sprachen. Manche schrieben auch Bücher. Zu den Pflichten solcher Damen gehörte die Erziehung junger Mädchen aus anderen adligen Häusern. So wie Knappen zu Rittern ausgebildet wurden, lernten Mädchen das Verhalten in höfischer Gesellschaft. Hofdamen waren meist Frauen und Töchter einfacher Ritter aus der Burg selbst. Außerdem gab es einen Schwarm Dienerinnen. Babys wurden von Ammen gestillt, Kleinkinder von Kinderfrauen betreut.

Die meisten Damen waren auf die Jagd kaum weniger erpicht als die Ritter; sie waren oft vorzügliche Reiterinnen. Die Dame aus dem 13. Jh. (oben) führt einen Langbogen, der zwar nicht so stark ist wie eine Kriegswaffe, aber stark genug, um mit ihm Wild zu erlegen. Auch Armbrüste wurden von Damen geführt.

DAS ENDE DER RITTERZEIT

Am Anfang des 16. Jh. verloren die Ritter an Bedeutung. Ein Land nach dem anderen ging zu einer Berufsarmee über, und gegen ganze Reihen von Pikenieren hatte ein Ritter mit seiner Lanze keine Chance. Auch gegen Feuerwaffen bot eine Rüstung keinerlei Schutz. Die Waffenschmiede stellten anfangs noch dickere Brustplatten her und testeten sie, indem sie auf sie schießen ließen - wie heute bei kugelsicheren Westen. Oder man schnallte eine zweite Brustplatte zur Verstärkung über die erste. Es war nicht verwunderlich, daß die Ritter eine so schwere Rüstung verweigerten oder zur Verringerung des Gewichts das Beinzeug gegen einfache Stiefel vertauschten. Um die Mitte des 16. Jh. war der Reiter in voller Rüstung im Aussterben begriffen.

Auch die Burg des Ritters blieb von diesem Wandel der Zeit nicht verschont. Das lag zum Teil an dem Wunsch nach mehr Bequemlichkeit, zum Teil aber auch am Aufkommen der Kanonen. Anfangs legte man für diese noch Öffnungen in den Burgmauern an; später setzte man sie, ausgehend von Deutschland und Frankreich, auf niedrige Erdbasteien statt auf hohe Mauern. Daraus entwickelten sich die Artillerieforts des 16. Jh., die bald keine Privat- und Wohnhäuser mehr waren, sondern Garnisonen zur Verteidigung des Landes.

Die Landsknechte in Deutschland und der Schweiz waren ein Sinnbild für den Niedergang des Rittertums. Ihre feuergestützten Schlachtreihen aus Pikenieren sollten die Kriegsführung der nächsten 200 Jahre bestimmen. Dieser deutsche Landsknecht trägt einen Bidenhänder, ein Schwert, mit dem man sich eine Gasse durch feindliche Pikeniere hauen konnte.

Herrscher bauten Gießereien, in denen sie Kanonen für ihre Armeen gießen ließen, wie diese aus dem 16. Jh.

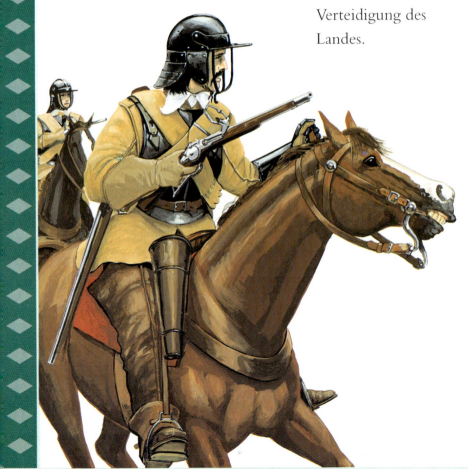

Arkebusiere

Diese Reiter aus der Mitte des 17. Jh. waren längst nicht mehr so gewappnet wie vorher. Sie trugen ein kräftiges Lederwams, eine Brustplatte und am linken Arm einen hochgezogenen, festen Handschuh. Ihr Helm hatte ein Stangenvisier zum Schutz gegen Schwerthiebe. Sie führten auch Pistolen. Ihren Namen haben sie von »arquebuse« (Hakenbüchse), einem alten langläufigen Gewehr mit Luntenschloß; die Bezeichnung wurde später auf ihre Handwaffen übertragen.

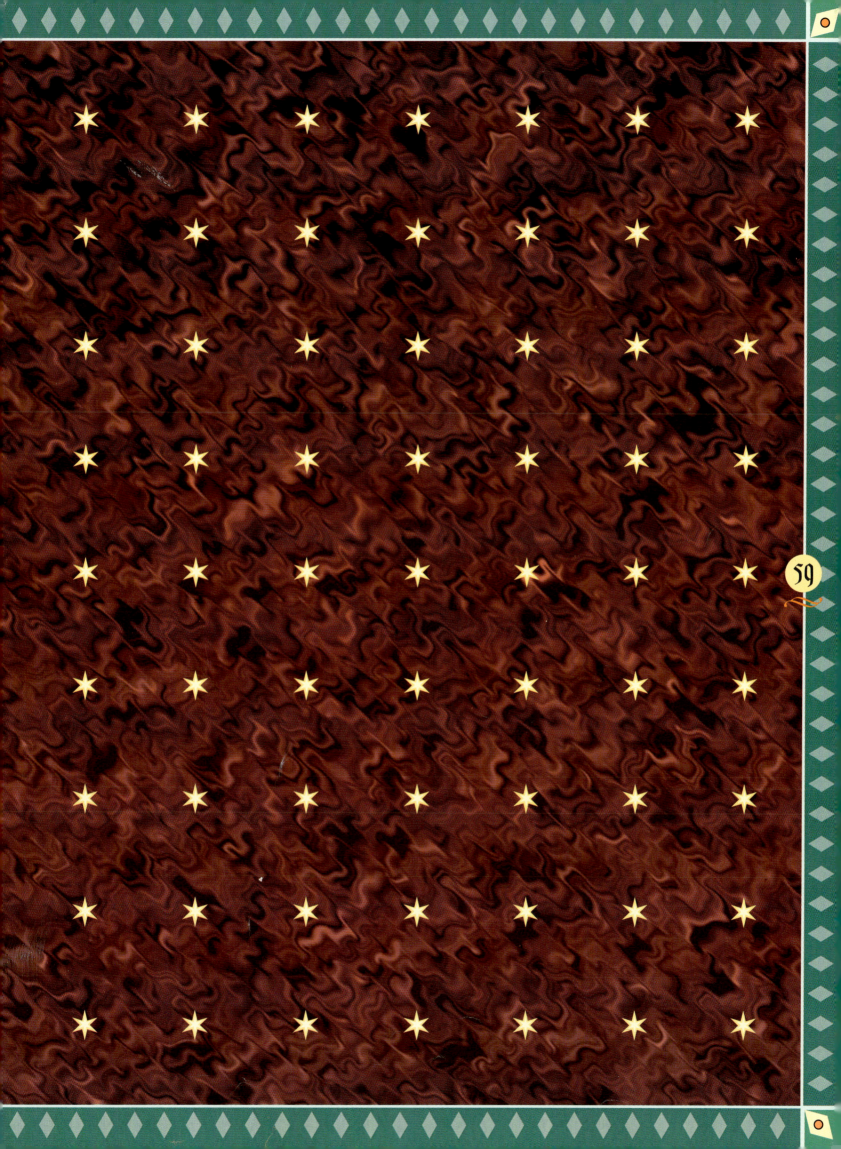

Schlachten

Hastings, England, 1066; Wilhelm der Eroberer besiegt König Harold

Sagrajas, Spanien, 1086; die Araber besiegen König Alfons VI. von Kastilien

Hattin, Israel, 1187; Saladin besiegt König Guy von Jerusalem

Arsuf, Israel, 1191; Richard I. drängt Saladins Truppen zurück

Las Navas de Tolosa, Spanien, 1212; ein christliches Heer besiegt die Araber

Schlacht auf dem Eis, Estland, 1242; Russen schlagen den Deutschen Orden

Courtrai, Belgien, 1302; Sieg der Schotten über ein französisches Heer

Bannockburn, Schottland, 1314; Sieg der Schotten über die englischen Ritter Eduards II.

Sempach, Schweiz, 1386; die Schweizer besiegen die Österreicher

Castagnaro, Italien, 1387; Padua besiegt Verona

Tannenberg, Polen, 1410; ein polnisch-litauisches Heer besiegt den Deutschen Orden

Agincourt, Frankreich, 1415; Heinrich V. von England besiegt eine französische Streitmacht

Aussig, Tschechien, 1426; böhmische Hussiten besiegen den deutschen Kaiser Sigismund I.

Patay, Frankreich, 1429; Franzosen besiegen die Engländer

Towton, England, 1461; York besiegt Lancaster im Rosenkrieg

Grandson, Schweiz, 1476; Schweizer besiegen burgundische Streitmacht

Fornovo, Italien, 1495; Italien kämpft gegen französische Eindringlinge, beide beanspruchen den Sieg

Glossar

Alaunt
Starker Jagdhund.

Armet
Visierhelm mit aufklappbarem Gesichtsschutz.

Armröhre
Röhrenförmige Platte zum Schutz des Armes.

Armzeug
Panzerung des ganzen Armes.

Aventail
Metallener Nackenschutz für Beckenhaube oder Visierhelm.

Axteisen
Langschäftige Waffe mit einer Axt oder einem Hammer als Kopf.

Ballist
Belagerungsmaschine, die große Pfeile verschießt.

Banner
Quadratische oder rechteckige Fahne, die von einem Bannerherrn geführt wird und sein Wappen zeigt.

Bannerherr
Ein Ritter mit Befehlsgewalt über andere Ritter.

Bacinet
Beckenhaube, Helm, der bis an oder über die Ohren reicht und mit oder ohne Visier getragen wird.

Beinröhre
Röhrenförmige Stahlplatte zum Schutz des Unterschenkels.

Beinzeug
Die Panzerung des Beins.

Bergfried
Wehr- und Wachturm in deutschen Burgen, von den Wohngemächern getrennt.

Bolzen
Geschoß der Armbrust.

Blutrinne
Längsvertiefung in der Schwertklinge zum Ableiten des Bluts, auch zur Verringerung des Gewichts.

Brechscheibe
Metallplatte an der Lanze zum Schutz der Hand.

Brigandine
Jacke, die innen mit vielen kleinen Stahlplatten vernietet ist. Die Nietköpfe erscheinen außen als Zierat.

Buckel oder Kachel
Kappenförmiger Schutz für Ellbogen und Knie.

Deutschordensritter
Ihr voller Name war »Deutsche Ritter vom Spital der Jungfrau Maria in Jerusalem«. Dieser geistliche Ritterorden wurde 1290/91 in Akkon gegründet.

Dextrier oder dextrarius
Das beste Pferd des Ritters, meist das Schlachtroß.

Diechling
Oberschenkelschutz.

Donjon
(französ.) Der große Burgturm, der auch die Wohngemächer enthielt.

Eisenhut
Einfacher, offener Eisenhelm mit breitem Rand.

Falchion
Breites, beilähnliches Schwert.

Flegel
Aus einem Dreschflegel gebildete Waffe; sie bestand aus einem Schaft, an den ein stachelbesetztes Blatt geschmiedet war.

Gefolgsleute
Ritter oder einfache Bewaffnete, die dem nächsthöheren Herrn Dienstpflicht schuldeten.

gerichtlicher Zweikampf
Zweikampf zur Schlichtung eines Rechts- oder Ehrenstreits.

Harnisch
(Küraß) Panzerung des Oberkörpers.

Hauberk
Kettenhemd, ursprünglich nur ein Halsschutz.

Hellebarde
Eine Kombinationswaffe aus Speer und Streitaxt. Sie hatte ein scharfes Blatt mit rückwärtigem Stachel und war auf einen Schaft montiert.

das Heilige Land
Lebens- und Wirkungsstätte Christi, entspricht etwa dem heutigen Israel.

Herrenhof
Fronhof, Zentrum der Wohn- und Wirtschaftswelt eines Grundherrn; seine Rechte umfaßten nicht nur das Land, sondern auch die zu ihm gehörenden Bauern.

höfische Liebe
Verhaltensform gegenüber Damen. Ein Ritter mußte die Liebe zu einer Dame, die oft mit einem anderen Mann verlobt oder verheiratet war, durch Heldentaten oder Liebesgedichte beweisen.

Kanone
Geschütz, aus dem von einer Erdrampe aus gefeuert wurde.

Keep
(engl.) Der große, zentrale Burgturm, der in England auch Wohngemächer enthielt.

Kettengeflecht
Panzerung aus vielen untereinander verflochtenen Stahlringen.

Kreuzzüge
Die Kreuzzüge waren Militärunternehmen der Christenheit (1095 bis 1270), um den Moslems das Heilige Land zu entreißen.

Kruppenpanzer
Hinterer Teil der Pferde-rüstung.

Lanze
Holzschaft mit scharfer Stahlspitze für den Reiterkampf.

Lederwams
Leichter Harnisch aus Leder.

Leibeigener
Unfreier, an das Land gebun-dener Mann, Eigentum des Grundherrn.

Mähnenpanzer
Halsrüstung des Pferdes.

Mangon
Katapult, das mit gedrehten Seilen, Sehnen oder Haar betrieben wurde.

Marschall
Amtsträger eines Feudal-herren; er war für die Pferde verantwortlich.

Motte
Erdhügel.

Nesteln
Verschnürungen zwischen Strümpfen, Unterhose und Wams. Bei einer Rüstung hatten sie metallgefaßte Spitzen.

Panzerhandschuh
Plattenbesetzter Kampf-handschuh.

Pauldron
Auf die Brust reichender Schulterschutz.

Pike
Sehr langer Speer zum Fußkampf.

Plattenrock
Harnisch aus wechselndem Material, das mit Platten gefüttert ist.

Radsporn
Sporn mit einem sternen-förmigen Drehrad.

Ritterorden
Zusammenschlüsse von Rittern mit bestimmter Kleidung und eigenen Emblemen und Namen, wie »Orden der armen Ritter

Christi« (Tempelritter) und »Orden des Heiligen Johannes von Jerusalem« (Johanniterritter).

Roßstirn
Kopfpanzer des Pferdes.

Rüsthaken
Rasterung an der Brustplatte, die die Lanze stützte und ihr Zurückrutschen beim Stoß verhinderte.

Sabaton
Fußpanzerung.

Saumtier
Packpferd oder -maultier.

Standarte
Lange Fahne, Feldzeichen in der Schlacht.

Steppwams
Zur Rüstung: Wams mit Metallbesatz und mit Verschnürungen für Rüstungsteile.

Streitkolben
Hiebwaffe mit Eisenkopf.

Tempel
Hier: der Tempel in Jerusalem, in dem Christus lehrte.

Tjost
Berittener, mit Lanzen geführter Zweikampf innerhalb eines Turniers.

Turnei
Kampfspiel zu Pferde mit Lanze und Schwert innerhalb eines Turniers.

Turnier
Ein Ritterfest, bei dem es verschiedene Kampfarten zu Pferde und zu Fuß gab.

Tribok
Trebuchet, Katapult, das nach dem Gegengewichts-prinzip arbeitete und aus einem Netz Geschosse schleuderte.

Visier
Gesichtsschutz am Helm mit Sehschlitzen und Atemlöchern.

Wallfahrt
Wanderung oder Reise zu einem Heiligtum.

der Zehnte
Der zehnte Teil der Ernte, der als Steuer an die Kirche ging.

Zelter
Ein Pferd, das im Paßgang ging; häufig ein Damenpferd.

REGISTER

A
Agincourt, die Schlacht von 41, 61
Alaunt 50, 62
Armbrust 36, 37, 38, 40, 41, 49, 57
Armet (Visierhelm) 27, 62
Armzeug 22, 23, 29, 62
Arquebusier 58
Artus, König 54, 55
Ausbildung 14, 15, 57
Axteisen 31, 47, 62

B
Bacinet (Beckenhaube) 17, 26, 27, 47, 62
Backen 10, 13
Bankett 52, 53
Banner 36, 40, 62
Bannerherr 40, 62
Bauern 12, 40, 49, 50
Beckenhaube (siehe unter Bacinet)
Beinröhre 18, 19, 62
Beinzeug 18, 19, 58, 62
Belagerung 10, 38, 39, 56,
Belagerungsturm 39
Bembre, Sir Nicholas 25
Bergfried 8, 9, 62
Bidenhänder 30, 58
Bogenschützen 8, 9, 36, 37, 40, 41, 49
Brigandine 18, 36, 62
Brustplatte 20, 21, 45, 58
Burganlage, konzentrische 9
Burgen 7, 8, 9, 10, 11, 13, 38, 39, 48, 51, 52, 56, 57, 58, 60
Burghut 11, 13
Burgund, Herzog von 40
Byzanz 48

C
Caerphilly Castle (Wales) 9
Camelot 55
Cervellière 26
Chepstow, Burg von (Wales) 10, 11
Christen(tum) 48, 49, 63
Coca, Burg (Spanien) 48

D
Damen (Frauen) 7, 14, 34, 43, 45, 50, 51, 54, 55, 56, 57
Deutschland 7, 16, 27, 31, 41, 42, 58, 60
Deutschordensritter 49, 62
Dextrier 34, 62
Diechling 18, 19, 28, 62
Dolch 31, 36, 47
Donjon 8, 62
Dörfer 12, 13, 42

E
Edelmänner (Feudalherren) 7, 12, 13, 40, 43, 50, 63

Eduard I, König 39
Eduard III, König 20, 54
Eleonore von Aquitanien 55
England 8, 12, 13, 36, 41, 54, 60, 61
Essen 10, 11, 14, 52, 53,

F
Falchion 30, 31, 62
Falkenjagd 50, 51
Feudalherren (siehe unter Edelmänner)
Flagge (Fahne, siehe auch Banner) 36, 62, 63
Franken 7
Frauen (siehe unter Damen)
Frankreich 7, 41, 42, 48, 54, 55, 58, 60, 61
Froschmaul-Stechhelm 44, 45

G
Garnison 8, 58
Gedichte 54, 62
Gericht 12, 13, 55
Gerichtlicher Zweikampf 46, 62
Geschübe 24, 25
Gewehre 37, 40, 41, 58
Gotische Rüstung 21
Große Halle (Rittersaal) 10, 11

H
Handberg (siehe unter Manifer)
Handfeuerwaffen 36, 58
Harnisch 20, 21, 62
Hastings, Schlacht von 27, 60, 61
Hastings, Sir Hugh 22
Hauberk 16, 20, 62
Häuser 12, 13, 58
Heilige Gral, der 55
Heilige Land, das 48, 49, 62, 63
Heinrich V, König 41, 61
Heirat 13, 56
Hellebarde 31, 47, 62
Helme 16, 17, 26, 27, 29, 32, 33, 36, 42, 44, 45, 46, 58, 62, 63
Hentze 25
Herrenhaus (Manor) 12, 13
Höfische Liebe 54, 55, 62
Hunde 50, 51, 62
Hundezwinger 51

I
Italien 16, 19, 21, 23, 25, 27, 60, 61

J
Jagd 14, 50, 51, 57
Jerusalem 48, 49, 61, 62, 63
Johanna von Orléans 18
Johanniter 49

K
Kampfhandschuhe 24, 25
Karl der Große, Kaiser 7, 54

Karl der Kühne, Herzog von Burgund 36
Katapult 38, 39, 63
Kavallerie 41, 49
Keeps 8, 63
Kettenpanzer (Kettenhemd) 16, 17, 18, 24, 32, 62, 63
Ketzer 48
Kinder 14, 57
Kirche 7, 12, 13, 43, 54
Knappen 7, 14, 15, 22, 28, 29, 36, 50, 57
Konstantinopel 49, 61
Kreuzzüge 48, 49, 60, 63
Kriegshammer 31
Küche 11, 52
Küraß (siehe unter Harnisch)

L
Langbogen 37, 41, 57
Lanzen 15, 21, 23, 30, 31, 36, 40, 42, 43, 44, 45, 47, 58, 62, 63
Lehen 12
Lehnsherren 11
Leibeigene 63
Ludwig XI, König 28

M
Mangon 63
Manifer 45
Marshal, William 27
Mönche 49
Moslems 48, 49, 63
Motte 8, 63

N
Nesle, Raoul de 25

O
Orden 49, 54, 61, 62, 63

P
Page 14, 15, 28, 36, 52
Palisaden 7, 8
Panzerhandschuhe 24, 25, 29, 45, 58, 63
Pas d'Armes 43
Pauldron 23, 63
Pest (Schwarzer Tod, Beulenpest) 12
Pferde 7, 13, 14, 16, 18, 34, 35, 37, 40, 41, 42, 44, 45, 49, 50, 56, 62, 63
Pike 41, 47, 63
Pikeniere 36, 41, 58
Plattenpanzer 16, 18, 31, 33
Plattenrock 17, 20, 29, 52, 63
Plattner (siehe unter Waffenschmied)

R
Rammbock 9, 39
Richard I, König 49, 61
Ringmauer 8, 9, 10, 11
Rittersaal (siehe unter Große Halle)

Ritterschlag 15, 55
Rittertum (Ritterlichkeit) 42, 43, 49, 54, 55
Robert The Bruce 41
Rom 49, 60

S
Saladin, Sultan 49, 61
Schilde 16, 17, 22, 23, 43, 44, 45, 47, 49
Schlachten 15, 40, 41, 60, 61
Schwarze Prinz, der 24
Schwarzer Tod (siehe unter Pest)
Schweiz 31, 41, 58, 60, 61
Schwerter 15, 16, 25, 30, 31, 36, 42, 46, 47, 54, 58
Söldner 11
Spanien 48, 60, 61
Speere 36, 41, 47
Städte 12, 13
Standarte 36, 40, 63
Steppwams 28, 63
Stirling Castle (Schottland) 39
Stollengänge 39
Streitkolben 31, 47, 63

T
Tafelrunde 54, 55
Tempelritter 49, 63
Tjost 42, 43, 44, 45, 46, 47, 63
Torhaus 8, 9, 10
Towton, die Schlacht von 41
Trebuchet 38, 39, 63
Tribock (siehe unter Trebuchet)
Troubadour 54, 55
Türme 8, 9, 63
Turnei 42, 43, 63
Turnier 17, 42, 43, 46, 54, 63

U
Urban II, Papst 48

V
Visiere 26, 27, 31, 47, 58, 63
Visierhelm (siehe unter Armet)
Vorräte 9, 10, 11, 12, 38, 56

W
Waffenschmied (Plattner) 10, 16, 19, 21, 23, 28, 32, 33, 58
Wallfahrt 60, 63
Wams (siehe unter Steppwams)
Wappen 62
Warwick, Earl of 17
Wikinger 7
Wilderer 12, 50
Wilhelm der Eroberer 27, 50, 61

Z
Zehnte, der 63
Zugbrücke 8, 39